DÉJALO IR

JOHN PURKISS

DÉJALO IR

Aprende el arte del desapego
para ser más feliz

Traducción de Montserrat Asensio

Edición conmemorativa quinto aniversario

ƆIANΛ

La lectura abre horizontes, iguala oportunidades y construye una sociedad mejor. La propiedad intelectual es clave en la creación de contenidos culturales porque sostiene el ecosistema de quienes escriben y de nuestras librerías. Al comprar este libro estarás contribuyendo a mantener dicho ecosistema vivo y en crecimiento.

En Grupo Planeta agradecemos que nos ayudes a apoyar así la autonomía creativa de autoras y autores para que puedan continuar desempeñando su labor. Diríjase a CEDRO (Centro Español de Derechos Reprográficos) si necesita fotocopiar o escanear algún fragmento de esta obra. Puede contactar con CEDRO a través de la web www.conlicencia.com o por teléfono en el 91 702 19 70 / 93 272 04 47.

Título original: *The Power of Letting Go*

© John Purkiss, 2020
Publicado por primera vez en inglés por Aster, un sello de Octopus Publishing Group Ltd.

© de la traducción, Montserrat Asensio, 2021

Primera edición: mayo de 2021

© Editorial Planeta, S. A., 2025
Diana es un sello editorial de Editorial Planeta, S. A.
Diagonal, 662-664, 08034 Barcelona (España)
www.dianaeditorial.com
www.planetadelibros.com

Primera edición en esta presentación: septiembre de 2025
Depósito legal: B. 12.447-2025
ISBN: 978-84-1119-277-4
Composición: Toni Clapés
Impresión y encuadernación: Huertas Industrias Gráficas, S. A.
Impreso en España - *Printed in Spain*

PEFC Certificado

Este libro procede de bosques gestionados de forma sostenible

PEFC

PEFC/14-38-00305   www.pefc.es

SUMARIO

Al mago que todos albergamos en nuestro interior.

.

INTRODUCCIÓN

¿Qué quieres cambiar en tu vida? Quizá quieras disfrutar de más salud, de una relación de pareja, de más felicidad en tus relaciones personales, de un trabajo mejor, de más dinero... O quizá quieras menos de algo, por ejemplo menos estrés, menos frustración o menos problemas con tu jefe. ¿Hace años que intentas cambiar tu vida, pero aún no lo has conseguido y te sientes bloqueado?

Este libro te enseñará a vivir en otro nivel. Te verás a ti mismo y al mundo que te rodea de un modo completamente distinto. Dejarás ir los años de condicionamiento que te han llevado a creer que la única manera de conseguir que las cosas sucedan es pensar mucho, hacer muchas cosas y perseverar contra viento y marea. Si sigues los pasos que presenta el libro, las cosas empezarán a suceder con mucha más facilidad y mucho menos estrés.

No hace falta controlar todo lo que sucede. No hace falta empujar, bregar, batallar, forzar situaciones ni intentar manipular a los demás para que las cosas sean como queremos. Todo eso resulta tan agotador como innecesario.

Si aprendes a soltar lastre de la manera que te explicaré a lo largo del libro, experimentarás lo que, con frecuencia, se denomina *estado de flujo*. Descubrirás que estás en sintonía con el mundo, en lugar de en lucha contra él, y tu intuición será mucho más potente. Aunque tener un plan está bien, es esencial que conectemos con lo que sucede en realidad y trabajemos con ello en lugar de contra ello. Tendrás mucho más éxito en lo que sea que decidas emprender.

Estudié Economía en Cambridge y trabajé en el sector financiero y en consultoras de gestión empresarial. Luego hice un MBA en el Institut Européen d'Administration des Affaires (INSEAD) de Francia y cofundé una empresa de *software*. En la actualidad, selecciono a altos ejecutivos y miembros de consejos directivos. Durante el curso de mi actividad profesional, con frecuencia me veo rodeado de ingenieros, científicos, contables y abogados, la mayoría de los cuales se han formado para pensar mucho y analizarlo todo. Si no prestamos atención, nos acabamos viendo como si fuéramos máquinas con cuerpo y mente. La mente tiene pensamientos que el cuerpo intenta traducir en conductas y resultados. Un amigo mío decía (medio en serio, medio en broma) que la función de su cuerpo era transportar a su cerebro de una reunión a la siguiente.

Que nos hayan entrenado y formado para pensar no significa que seamos máquinas de pensar. La inteligencia artificial automatizará muchos de los procesos que en la actualidad desempeñamos los seres humanos, así que es urgente que descubramos quiénes somos en realidad y otra manera de vivir y de trabajar.

Por suerte, la tradición védica india ya encontró la solución hace miles de años. Los Vedas son el origen del mindfulness (atención plena), del yoga, de la alimentación y la medicina ayurvédicas, de la meditación trascendental y de muchas cosas más. *Veda* significa «sabiduría» en sánscrito. El mindfulness, que ha adquirido gran popularidad en Occidente, se suele asociar al budismo. Tanto el budismo como el hinduismo hunden sus raíces en la cultura védica, anterior a Buda. Las técnicas védicas se han filtrado en la cultura occidental y millones de nosotros nos hemos beneficiado de ellas ya. Sin embargo, la mayoría de las personas desconocen la filosofía subyacente y la efectividad del conocimiento de base.

El problema con el modo en que acostumbramos a practicar el mindfulness y el yoga en Occidente es que nos ayudan a trabajar cada vez más sin quemarnos (al menos a corto plazo). Conozco a personas que meditan en los aseos del trabajo. Hemos adquirido las técnicas desprovistas de la filosofía. Y luego nos preguntamos por qué la vida nos resulta tan estresante y frustrante.

Pero ¿cuál es la filosofía subyacente? A continuación te explicaré cómo la entiendo yo en lo que se refiere a vivir la vida que realmente queremos vivir:

- El cerebro y el cuerpo forman parte de algo extraordinariamente inteligente. Vemos esa inteligencia en todos y cada uno de los aspectos de la naturaleza, como las plantas, los animales, los seres humanos, los planetas y las estrellas. Es asombrosa y evoluciona sin cesar. En aras de la sencillez, la llamaremos *existencia*.
- Cometemos el error de pensar que estamos separados de la existencia. Creemos que somos un cuerpo y una mente individuales, separados de todos y de todo. La identificación

con el cuerpo/mente recibe el nombre de *ego* (no es el mismo ego de la psicología freudiana, como explicaré más adelante). En lugar de fluir con la existencia, nos enfrentamos a ella o intentamos controlarla. En lugar de disfrutar de la vida, nos estresamos y nos frustramos cada vez más. Con nuestros esfuerzos por conseguir lo que queremos, entramos en conflicto con los demás y perjudicamos a nuestro entorno.

- Cuando nos desapegamos del ego (la creencia de que estamos separados de todos y de todo) y lo dejamos ir, la vida es mucho más fácil. Es el ego el que sigue luchando por la supervivencia, el que crea dramas donde no los hay y el que hace que la vida sea estresante. Cuando lo dejamos ir, descubrimos que somos más de lo que jamás habíamos imaginado ser. La vida se despliega de un modo natural, con poco o ningún estrés. Te guiaré en este proceso, paso a paso. Cuanto más dejes ir, mejor irán las cosas.

¿Qué quieres cambiar?

Volvamos a lo que quieres cambiar en tu vida. La mayoría de nosotros deseamos cosas que podemos clasificar en tres categorías.

1. Cosas que queríamos que sucedieran y que han sucedido (acostumbramos a olvidarnos de ellas).
2. Cosas que no queríamos que sucedieran y que han sucedido.
3. Cosas que queremos que sucedan y que todavía no han sucedido (con frecuencia, a pesar de esfuerzos ingentes).

Es posible que las dos últimas categorías hayan resonado en tu interior. A muchos nos preocupa alguna faceta (o facetas) de nuestra vida, o sentimos que estamos atascados. Las cuatro áreas principales son:

1. Salud.
2. Relaciones personales.
3. Carrera profesional.
4. Dinero.

Tendemos a atascarnos de modos muy particulares. Por ejemplo, es el caso de...

- Alguien con dinero y con éxito profesional, pero que enferma con frecuencia.
- Alguien con éxito profesional, pero que ya lleva varios divorcios a sus espaldas.
- Alguien que es muy bueno en lo que hace, pero no tiene suficiente dinero o trabajo.
- Alguien sereno y con buena salud, que tiene relaciones personales muy afectuosas, pero que siempre está en la ruina.
- Alguien sereno y con buena salud, que gana mucho dinero, pero parece incapaz de encontrar a la pareja adecuada.

Estas pautas de «atasco» no son aleatorias. Si te mudaras a una ciudad a miles de kilómetros de donde vives ahora, probablemente descubrirías que te atoras de la misma manera que aquí.

El motivo por el que nos «cerramos» en unas áreas, pero no en otras, es que cada uno de nosotros tenemos nuestros propios *patrones de dolor*. Te enseñaré ejercicios que te ayudarán a identificar y dejar ir los tuyos.

Hay momentos en que nos dejamos ir del todo. En otras palabras, nos *entregamos*. Cuando nos entregamos, soltamos el ego. ¿Quiénes somos, entonces? Somos *consciencia pura, percepción pura, presencia pura o existencia pura.*

¿Qué tiene esto que ver con las cosas que queremos que sucedan pero que no han sucedido todavía? La cuestión es que muchos de nosotros intentamos forzar que las cosas sucedan. Tenemos muchos pensamientos positivos acerca de lo que queremos que suceda. Emprendemos muchas acciones para intentar hacer que suceda. Y todo se queda más o menos igual que estaba.

Cuando nos dejamos ir por completo, cuando nos entregamos, no hay ego que fuerce nada. Entonces, los deseos se materializan con facilidad desde la existencia pura, la consciencia pura, la percepción pura, la presencia pura. Esa es la gran paradoja del desapego.

El proceso es el siguiente:

1. Surge un deseo.
2. Nos entregamos y experimentamos la unidad con nuestro verdadero yo, que es consciencia.
3. La resistencia interior se desvanece y somos libres de actuar.
4. El deseo se cumple fácil y espontáneamente.

DÉJALO IR

Cuando nos entregamos, la intuición nos dice qué hacer
Sentimos algo distinto cuando conocemos a alguien o nos encontramos en una situación nueva. Tenemos una intuición clara acer-

ca de qué hacer a continuación. Se dan muchas coincidencias útiles.

- Emprendemos la acción adecuada en el momento adecuado, con eficiencia y sin estrés.
- Seguimos pensando y analizando cuando es necesario, pero el pensamiento es nuestro siervo, no nuestro señor.
- Permitimos que las cosas funcionen de maneras que jamás hubiéramos imaginado.

Dejarlo ir no significa dejarlo correr
Una de las ideas erróneas más habituales es que «dejarlo ir» es lo mismo que «dejar de hacerlo». Lo cierto es que, cuando la intuición se activa, lo más probable es que hagamos muchas más cosas que antes. También serán acciones mucho más efectivas y estarán más alineadas con nuestro propósito verdadero. El ego ya no interferirá con lo que hay que hacer. Pasar a la acción producirá satisfacción en lugar de estrés.

Es posible que te preocupe la posibilidad de que los demás dejen de importarte. Lo cierto es que sucederá justo lo contrario. Cuanto más dejamos ir el lastre mental que llevamos encima, más fácil nos resulta estar presentes, conceder toda nuestra atención a los demás y sintonizar con sus emociones.

Dejarlo ir en tres pasos
Hay quien deja ir de golpe. Un día son seres humanos ordinarios. Al siguiente, se iluminan y empiezan a hacer cosas que los demás califican de milagrosas. Sin embargo, fluir es un proceso más gradual para la gran mayoría de nosotros.

Poco a poco, vamos dejando atrás todo lo que nos lastra. Es posible que, en estos momentos, ni siquiera seas consciente de tus lastres. Quizá sea algo pequeño y sutil, pero que aun así puede impedir que disfrutes de la vida y hagas realidad todo tu potencial. En este libro describo un proceso sencillo que consta de tres pasos:

1. Dejar ir los pensamientos, como los juicios, las etiquetas, las expectativas y las historias. Por ejemplo, si nos damos cuenta de que la mente crea problemas sin cesar parloteando acerca de algo irrelevante frente a lo que sucede ahora, aprendemos a ser testigos de los pensamientos (a observarlos) y a soltarlos. Ahora podemos seguir con nuestra vida.
2. Dejar ir el dolor que nos provoca el torrente incesante de pensamientos negativos. Por ejemplo, un recuerdo doloroso nos impide vivir la vida plenamente. Revivimos la experiencia y nos permitimos sentir el dolor, el sufrimiento, el malestar o la agitación. Poco a poco se desvanece y es muy probable que desaparezca por completo. Ahora, la mente está más clara y nos sentimos mucho mejor.
3. Entregarse y sintonizar con algo mucho más inteligente que nuestro cerebro. Ahora que hemos dejado ir al pasado y al futuro, podemos permanecer en el presente. Seguimos nuestra intuición y, de forma natural, emprendemos la acción adecuada en el momento adecuado. Todo sucede con más facilidad.

Cuando soltamos lastre, suceden cosas buenas
Sea cual sea el punto de partida, soltar lastre hace que la vida sea mucho mejor. Cuanto más lo hagamos:

• Más relajados nos sentiremos y más nos olvidaremos de preocuparnos.

- Más entenderemos de forma intuitiva lo que sucede a nuestro alrededor.
- Más formará la creatividad parte natural de nuestra vida.
- Más encajarán las cosas.
- Más acciones adecuadas emprenderemos en el momento adecuado.
- Más nos daremos cuenta de que el estrés se reduce o desaparece.
- Más mejorará nuestra salud.
- Más fáciles se volverán las relaciones personales.
- Más fácil nos resultará ganar dinero, a pesar de que ese ya no sea nuestro principal objetivo.
- Más emocionante volverá a ser la vida. Ya no estaremos aburridos.
- Más permitiremos que los demás sean como son.
- Más reiremos.

Cuando soltamos lastre, podemos satisfacer nuestros deseos con facilidad y sin estrés. Te enseñaré a hacerlo.

Soltar lastre es bueno para la salud
Tal y como habrás visto cuando he enumerado las cuatro áreas de nuestra vida, la salud encabeza la lista, por delante de las relaciones personales, de la carrera profesional o del dinero. Es así por dos motivos:

1. Una vez hemos dejado atrás los lastres, lo más probable es que nos encontremos mejor rápidamente.
2. Cuando la salud mejora, tiende a traer consigo mejoras en el resto de facetas de la vida.

Se han demostrado científicamente los beneficios para la salud de la meditación trascendental y del mindfulness, dos de las técnicas que presento en el libro.

Todos podemos aprender a soltar
Este libro se basa en tradiciones espirituales que se remontan a hace miles de años y que he estudiado durante más de veinte para que no tengas que hacerlo tú. He asistido a retiros y he aprendido varias técnicas de meditación (también he experimentado otros fenómenos, como el despertar de la energía *kundalini* o los *śakti*, que son las energías yóguicas). Todo lo que he probado y funciona tiene que ver con aprender a soltar.

Mientras, he enseñado a otras personas, que han logrado resultados parecidos. Puedes empezar a aprender y a aplicar inmediatamente el material que encontrarás en el libro. Permíteme que recalque que no es necesario que cambies de religión o de ninguna opinión que puedas tener acerca de la religión. Aprender a soltar es para todos.

Haz tus propios descubrimientos
La ciencia es una gran incomprendida. Hay quien «cree en la ciencia» del mismo modo en que otros «creen en la religión». Sin embargo, la ciencia no es un sistema de creencias, es un método de investigación. En esencia, el método científico consiste en dejar ir las teorías y las explicaciones erróneas que nuestra mente construye de forma sistemática. Es imposible demostrar que algo es cierto. Solo podemos descubrir que algo es falso y, así, acercarnos un poco más a la verdad.

Te recomiendo que hagas los ejercicios y veas qué sucede. Prueba.

Algunos de los ejercicios exigen que les dediques unos minutos. Podrás practicar el resto mientras haces otras cosas. Aunque todos les han funcionado a muchas personas, no todos los ejercicios funcionan para todo el mundo. Pruébalos a medida que avances en el libro. En algunos casos notarás (o aprenderás) algo instantáneamente. En otros, es posible que no suceda nada, al menos al principio, y en este caso te sugiero que pases a otro y que lo vuelvas a probar más adelante. Un ejercicio que no suscita nada la primera vez puede resultar muy útil luego.

Si haces los ejercicios en serio, empezarás a notar los beneficios en todas las áreas de tu vida.

Ya sabes cómo dejarte ir
La mayoría de nosotros tenemos al menos cierta experiencia en dejarnos ir. Por ejemplo:

- Nos despertamos tranquilamente, sin el despertador. Nos sentimos completamente relajados después de una larga noche de sueño reparador. Durante unos segundos, apenas estamos conscientes y no hay ningún pensamiento. Ni siquiera sabemos quiénes somos ni dónde estamos. Poco a poco, tomamos conciencia de nuestro cuerpo, tendido sobre la cama. Es posible que surja algún pensamiento sobre qué hora es, qué día es o qué se supone que tenemos que hacer hoy. Quizá pensamos en preparar un té o un café y desayunar. Muy pronto, estamos en movimiento, pensando muchas cosas y pasando a la acción.
- Estamos en la cima de una montaña, observando un paisaje precioso. Nos dejamos ir. La mente queda en silencio durante unos segundos, mientras nos empapamos del entorno. Nos embarga la felicidad. Entonces, los pensamientos reaparecen: «Se parece un poco a aquella montaña

del año pasado...», «¿Hago una fotografía?», «¿Quién será esa gente?», «¿Es hora de comer?».

- Estamos sentados, meditando, con la atención centrada en la respiración. La mente divaga sin cesar y nosotros la devolvemos constantemente a la respiración. Al final, nos hartamos y dejamos de intentarlo. De repente, los pensamientos se detienen, aunque solo sea durante unos segundos. Estamos conscientes, pero no hay ningún pensamiento. Entonces, pensamos: «He dejado de pensar». Y vuelta a empezar. Los pensamientos han reaparecido. Pero no subestimemos lo que acaba de suceder. Durante unos segundos, nos hemos dejado ir.

- Estamos en plena sesión de yoga cuando, de repente, nos olvidamos de nosotros mismos. Solo existe la respiración. Nos soltamos y fluimos de una *asana* (posición) a la siguiente.

- Hemos aprendido a practicar la meditación trascendental. Escuchamos el mantra en nuestra mente y nos dejamos ir. En algún momento, solo hay consciencia. Somos, sin pensamientos. Quizá solo dure unos segundos o quizá dure unos minutos. No hay esfuerzo, solo serenidad.

- Nos hemos esforzado mucho en que algo funcione. Puede ser un trabajo, una empresa, una relación o un proyecto creativo. El esfuerzo que hemos dedicado a intentar que suceda nos ha dejado agotados mental y emocionalmente. Dejamos que las cosas sean como son. Nos tomamos un respiro del pensamiento y de la acción incesantes. ¡Qué alivio!

- Estamos absortos en una actividad de la que disfrutamos verdaderamente. Puede ser bailar, construir una maqueta o jugar con nuestro hijo. Sea lo que sea, nos olvidamos de nosotros mismos y perdemos la noción del tiempo.

- Estamos jugando a algún deporte, como el fútbol, el tenis o el rugby. Llevamos varias semanas entrenándonos a fondo. Ahora nos abandonamos y disfrutamos del partido. La mente se serena. El tiempo transcurre más lentamente. Durante unos segundos o más, las acciones fluyen de unas a otras, sin comentarios mentales.
- Hemos llegado al final de una sesión de yoga de una hora de duración. Estamos tendidos boca arriba, agotados, en *shavasana* (postura del cadáver). Nos dejamos ir por completo. Durante unos maravillosos segundos, la mente está vacía.

Si ya has experimentado algo parecido a alguna de estas situaciones, ya has empezado a dejarte ir, a soltar lastre. Lo que sucede es que la mayoría de nosotros solo lo hacemos durante unos segundos o unos minutos al día. El resto del tiempo hacemos justo lo contrario. Nos enredamos con los pensamientos que surgen en la mente mientras las emociones nos arrastran a una verdadera montaña rusa. Intentamos controlar lo que sucede. La vida es frustrante y estresante, pero no tiene por qué ser así.

La buena noticia es que te puedes dejar ir todo el tiempo
No es necesario que estés en la cima de una montaña, en una postura de yoga o en una meditación profunda para dejarte ir. Puedes hacerlo el día entero, estés donde estés, hagas lo que hagas. De eso trata el libro. Es posible que al principio parezca abrumador, pero es lo más natural del mundo. Te enseñaré a hacerlo, paso a paso. Una vez que te hayas acostumbrado, no entenderás cómo has podido vivir de otro modo. Cuando nos dejamos ir, nos sentimos más satisfechos que nunca. Y con poco o ningún estrés.
Empecemos.

RESUMEN

- A pesar de todos los esfuerzos para cambiar tu vida, sientes que te has quedado atascado. Si sigues los pasos de este libro, todo fluirá con mucha más facilidad.
- Trabajarás en sintonía con el mundo en lugar de luchar contra él. Tu intuición será mucho más potente.
- La tradición védica nos dice que todos los aspectos de la naturaleza, incluidos nuestro cuerpo y nuestro cerebro, forman parte de algo extraordinariamente inteligente a lo que yo llamo *existencia*.
- En lugar de fluir con la existencia, muchos de nosotros nos enfrentamos a ella y creamos conflictos con otras personas y con nuestro entorno.
- Cuando dejamos ir al ego, que lucha por su propia supervivencia, la vida se despliega con naturalidad, con poco o ningún estrés.
- Con frecuencia, nos quedamos atascados en una de las cuatro áreas principales de nuestras vidas: salud, relaciones personales, carrera profesional o dinero.
- Este libro te enseñará a dejarte ir en tres pasos. Aprenderás a soltar los pensamientos y los patrones de dolor, y, entonces, podrás entregarte y sintonizar con algo mucho más inteligente que tu cerebro.
- Cuando nos entregamos y dejamos ir el ego, regresamos al presente. Entonces, la intuición nos dice qué queremos hacer y los deseos se materializan con mucha más facilidad.

- Seguiremos pensando y analizando cuando sea necesario, pero el pensamiento estará a nuestro servicio en lugar de dirigirnos.
- Soltar lastre es bueno para la salud.
- Aprender a soltar es para todo el mundo y para todas las religiones, si es que se profesa alguna.
- La mayoría de nosotros ya hemos experimentado lo que se siente al dejarse ir. Este libro te ayudará a hacerlo todo el tiempo.

CAPÍTULO 1

Estar presente y disfrutar de cada momento

Estar presente es un requisito previo esencial para los tres pasos clave que presenta el libro, que son:

1. Dejar ir los pensamientos.
2. Dejar ir el dolor.
3. Dejarse ir por completo.

Siempre estamos presentes físicamente: la que se aleja del momento es la atención. Los budistas lo llaman *mente de mono*. Si la dejamos campar a sus anchas, la atención empieza a correr de un lado a otro, sin control. Estar presente significa devolver la atención al momento actual. Parece fácil, pero ponerlo en práctica requiere una técnica específica.

Cómo meditar

Me encuentro con muchas personas que me explican que han intentado meditar en algún momento, pero que han acabado desistiendo. Algunas me confiesan que lo probaron sin seguir instrucciones (¿cómo aprendieron a conducir, entonces?) y la mayoría me dice que controlar la mente les resultó imposible. Cada vez hay más personas que aprenden a meditar usando aplicaciones móviles. Si quieres saber a qué te enfrentas, prueba esto:

«Intentar meditar»

Siéntate en silencio en algún lugar donde sepas que nadie te va a interrumpir. Apaga el móvil. Cierra los ojos. No pienses en nada durante los próximos cinco minutos.

¿Qué tal te ha ido? Seguramente, te haya resultado imposible dejar de pensar durante más de unos cuantos segundos. Al cabo de unos instantes aparece un pensamiento, y otro, y otro... Muy pronto, estamos pensando en el pasado o en el futuro, o en lo que puede estar sucediendo ahora mismo en otro lugar.

Muchas personas creen que meditar consiste en vaciar la mente, pero a la mayoría de nosotros nos resulta imposible. Al menos al principio. ¿Qué hacemos, entonces?

El secreto de la meditación es darle a la mente algo que hacer

Una manera fácil de empezar

Siéntate en silencio en algún lugar donde sepas que nadie te va a interrumpir. Apaga el móvil y quítate el reloj. Cierra los ojos.

Ahora, dirige la atención hacia ti. Centra la atención en la respiración, inspira, espira.

Cada vez que la mente empiece a divagar, recondúcela suavemente hacia la respiración. Sin juicios. Forma parte del proceso. Relájate y reconduce la atención hacia la respiración. Sigue así durante unos minutos.

Ahora, abre los ojos. ¿Qué has notado? ¿Cómo te encuentras? ¿Notas alguna diferencia en los sonidos, los colores o las formas que te rodean?

Hay quien dice que los colores parecen más intensos. Muchas personas dicen que están mucho más tranquilas. Es posible que las formas y los sonidos sean más nítidos. Quizá percibas otras sensaciones corporales.

Este ejercicio le da algo que hacer a la mente, porque le pedimos que preste atención a la respiración, a cada inspiración y a cada espiración. Cuando empieza a divagar, devolvemos la atención a la respiración.

Si practicas el ejercicio con regularidad, descubrirás que cada vez te resulta más fácil estar presente y permanecer en el aquí y en el ahora.

Si la mente empieza a divagar, juzgarte no te servirá de nada. Divagar y reconducir son dos elementos de un mismo proceso. Cada vez que la atención se desvíe, devuélvela con suavidad a la respiración.

En la introducción, te he preguntado qué querías cambiar en tu vida (es posible que te hayas descubierto pensando acerca de eso mientras hacías el ejercicio). Cuanto más atrás dejes los lastres y cuanto más te dejes ir, más fáciles resultarán los cambios. Te enseñaré a hacerlo. De momento, lo único que has de hacer es detectar los pensamientos y devolver suavemente la atención a la respiración.

Ahora, podemos ampliar el ejercicio para que abarque primero la respiración y luego los cinco sentidos.

Conecta con los cinco sentidos

Busca un lugar que esté en silencio y donde sepas que nadie te va a interrumpir.

Siéntate en una silla, con la espalda erguida, pero completamente relajado. Descansa las manos sobre los muslos y coloca los pies sobre el suelo, planos. Cierra los ojos.

Deja que se relaje todo el cuerpo. Deja ir toda la tensión. Deja ir todas las preocupaciones, todas las inquietudes.

Centra la atención en la respiración, inspira, espira. Cada vez que la mente empiece a divagar, recondúcela suavemente hacia la respiración.

Ahora, nota el aire en el rostro. Sé consciente de la sensación durante unos instantes.

A continuación, nota el peso del cuerpo sobre la silla. Sé consciente de la sensación durante unos instantes.

Cada vez que la mente divague, recondúcela suavemente.

Ahora, nota la sensación de los pies en contacto con el suelo. Sé consciente de la sensación durante unos instantes.

Escucha los sonidos a tanta distancia como te sea posible, más allá de los inmediatos. Sé consciente de ellos durante unos instantes.

Deja ir los comentarios mentales y los juicios que surjan en relación con los sonidos.

Ahora, devuelve la atención a la respiración, inspira, espira.

Cada vez que la mente empiece a divagar, recondúcela suavemente hacia la respiración.

Este ejercicio se basa en uno que aprendí en la Facultad de Filosofía y de Ciencias Económicas, y que, según la tradición, se remonta a hace miles de años.

Es posible que, mientras hacías los dos ejercicios anteriores, te hayas fijado en que, de vez en cuando, no había ningún pensamiento. Estabas consciente, pero no había pensamientos. Quizá solo haya durado un par de segundos. En cuanto has pensado «no estoy pensando», has empezado a pensar. Ese espacio entre pensamiento y pensamiento es consciencia pura.

Los líderes espirituales usan con frecuencia la analogía de las pantallas de cine. La pantalla es la consciencia y siempre está ahí. Los pensamientos y las emociones son las imágenes que se proyectan sobre la pantalla.

Los pensamientos y las emociones nos atrapan de tal modo que nos olvidamos de la pantalla. Cuando alguien apaga el proyector, volvemos a ver la pantalla.

Más adelante, ahondaré en la consciencia pura. Si aún no has experimentado ese espacio entre pensamientos, no te preocupes.

Cada uno tenemos experiencias distintas en momentos distintos, pero el viaje es el mismo.

Puedes mirar el reloj de vez en cuando mientras meditas. Luego, devuelve la atención a la respiración. Cuando se medita en grupo, suele haber alguien encargado de controlar el tiempo y que hace sonar una campana al principio y al final.

Dar un paso atrás y observar los pensamientos
a medida que vienen y van
Muchos de nosotros creemos que somos nuestros pensamientos y actuamos en consecuencia. Tenemos un pensamiento feliz y somos felices. Tenemos un pensamiento triste y estamos tristes. En otras palabras, nos identificamos con nuestros pensamientos. Es como si fuéramos marionetas. Permitir que nuestros pensamientos nos controlen nos causa todo tipo de problemas, desde oportunidades profesionales perdidas a relaciones rotas o ataques de furia en la carretera.

Quizá estamos estresados por algo que ha dicho alguien o por un problema que no podemos resolver. Quizá estamos en un tren abarrotado, incómodos y frustrados, y, para colmo, la conducta de los demás nos irrita. En todas estas situaciones, experimentamos de forma natural un torrente de pensamientos y de emociones.

La pregunta es: ¿qué vamos a hacer al respecto? ¿Enfadarnos? ¿Qué otra cosa podemos hacer?

La solución reside en dar un paso atrás para tomar perspectiva y observar los pensamientos a medida que vienen y van. Estar presentes nos ayudará:

- Si puedes observar algo, es que no eres tú.
- Eres el observador, no el pensamiento ni la emoción (como la incomodidad, la frustración o la irritación).

Pausa

Cierra los ojos si hacerlo es seguro. De lo contrario, centra la atención en algún objeto que tengas frente a ti.

Ahora, centra la atención en la respiración, en cómo entra y sale lentamente del cuerpo. Siente el peso del cuerpo sobre la silla y los pies en contacto con el suelo. Ahora, percibe la textura de lo que sea que estés tocando con las manos.

Cada vez que la mente empiece a divagar, devuelve suavemente la atención a alguno de los sentidos. Si estás enfadado o frustrado, toma nota de la emoción y redirige la atención a los sentidos.

No te pido que niegues o reprimas los pensamientos o las emociones que puedan surgir. Limítate a percibirlos y, entonces, devuelve la atención a los sentidos. Ahora prueba esto:

- Toma nota de los pensamientos a medida que aparezcan.
- No hagas nada al respecto. No los juzgues, no te resistas, no los apartes.
- Limítate a observarlos.
- El pensamiento desaparecerá por sí solo en unos instantes. Entonces llegará otro. Déjalos que vengan y se vayan.

LA IMPORTANCIA DE ESTAR PRESENTE

*Estar presentes nos ayuda a evitar tomar decisiones
que podríamos lamentar más adelante*
El psicólogo Carl Jung dijo una vez que «lo que no se hace consciente, se manifiesta en nuestras vidas como destino». Cuanto
más presentes estemos, más fácil nos resultará observar los pensamientos y decidir si actuar o no en función de ellos.

Cada vez seremos más conscientes de lo que sucede a nuestro
alrededor y en nuestra mente. Será mucho menos probable que
nos convirtamos en víctimas del «destino».

Estar presente reduce el estrés
El estrés es resistirse a lo que es. Observamos lo que sucede y
decidimos que está mal. Entonces, nos frustramos, nos enfadamos o nos deprimimos. Cuanto más nos alteramos, más difícil
nos resulta hacer nada para cambiar la situación.

En el capítulo 3, te enseñaré a dejar ir el dolor que causa los
pensamientos estresantes. Mientras, lo único que has de hacer es
regresar al momento presente, por ejemplo, centrando la atención en la respiración. Los pensamientos estresantes desaparece-
rán por sí solos gradualmente.

Mientras observas los pensamientos estresantes, centra la
atención en la respiración. Deja que los pensamientos vengan y
vayan.

Entonces podrás tomar la decisión adecuada.

Estar presentes nos ayuda a dejar ir el miedo
Muchos tenemos miedo a las alturas, sobre todo si tenemos que
subir por una escalera de pintor o cruzar un puente especialmente alto. Es absolutamente natural. Una manera de gestionarlo es

centrar la atención en la respiración y en las sensaciones de las palmas de las manos y de las plantas de los pies. Así, alejamos la atención de los pensamientos que alimentan el miedo. Al mismo tiempo, nos centramos en lo que importa de verdad: dónde ponemos los pies y las manos.

Estar presentes nos ayuda a mantenernos a salvo
Durante los tres años previos a aprender a estar presente, tuve tres accidentes de tráfico leves. Estaba tan centrado en mis objetivos que no veía lo que sucedía momento a momento. Cuando aprendí a estar presente, sintonicé con el entorno y empecé a anticipar con naturalidad lo que era probable que sucediera, tanto en la carretera como en otras situaciones.

Estar presentes nos ayuda a mantener la calma
Cuando aprendemos a estar presentes y a observar los pensamientos a medida que vienen y van, tratar con personas complicadas se vuelve mucho más fácil. Ya no reaccionamos como siempre ante sus cambios de humor o su conducta.

Unos meses después de haber aprendido a estar presente, empecé a trabajar para la directora de una empresa. Tenía mucho talento y mucho éxito, pero también un carácter explosivo. De vez en cuando y sin previo aviso, estallaba y tenía un ataque de ira. El estrés era algo habitual para las personas que trabajaban con ella.

Un día, su secretaria me llamó y me dijo que estaba muy enfadada y que quería verme. Si eso hubiera sucedido un año antes, mi mente habría quedado inundada por pensamientos sobre por qué estaría enfadada y qué iba a pasar conmigo. Hubiera pensado en ello de camino a su despacho, anticipando cómo iría la conversación y poniéndome cada vez más nervioso.

En lugar de eso, recordé lo que había aprendido acerca de estar presente. Centré la atención en la respiración y sentí cómo entraba y salía lentamente de mi cuerpo. Cada vez que la mente empezaba a divagar, devolvía suavemente la atención a la respiración. Mientras caminaba por el pasillo, noté la temperatura y la presión del aire a mi alrededor, y observé el entorno con suma atención: el espesor de la moqueta, los paneles de madera, las molduras del techo...

Cuando llegué al despacho de la directora, mi atención estaba en el presente. Dejé ir las emociones y los pensamientos caóticos. La escuché con mente abierta, una mente que había renunciado a intentar anticipar qué iba a suceder. Estaba furiosa, pero probablemente percibió que su ira apenas ejercía efecto alguno sobre mí. Cuando dejó de hablar, respondí con serenidad y sin miedo ni anticipación. Le ofrecí la información que necesitaba y la conversación transcurrió con relativa facilidad y fluidez. Acordamos la acción que debíamos emprender, volví a mi despacho y me puse a trabajar en ello.

Practica el estar presente

Piensa en una situación en la que el estado de ánimo o la conducta de alguien te haya estresado.

Ahora puedes decidir: puedes dejar que la mente se desboque o puedes estar presente.

Si mantienes la atención en la respiración, en los sentidos y en el entorno, permanecerás en el momento presente. No te estresarás tanto.

Me he dado cuenta de que, cuanto menos reacciono al mal humor de los demás, más mejoran mis relaciones.

Al principio, es normal que nos resulte extraño dejar de reaccionar ante los estados de ánimo de los demás. Podemos llegar a pensar que somos insensibles o egoístas, pero seguimos queriéndolos y seguimos sintiendo compasión por ellos. Su ira y su frustración les hacen sufrir, tanto mental como físicamente.

Cuando cambiamos, las personas que nos rodean
cambian también
Como es normal, mi madre se estresaba al ver que yo no llegaba a ningún sitio, a pesar de lo mucho que me esforzaba. Cuando aprendí a dejarlo ir y a estar presente, ella también se tranquilizó y nuestra relación mejoró rápidamente. Un par de meses después, me ofrecieron un trabajo bien pagado, lo que eliminó uno de los estresores principales en la relación.

No tenemos por qué sumarnos al drama
Un día, viajaba con material voluminoso y pesado para una conferencia y ya iba tarde cuando subí las maletas al autobús del aeropuerto. Dentro, había un hombre de pie, junto a las estanterías para el equipaje. Le pedí que se apartara, pero se negó, así que cogí mis maletas y las puse encima de las que ya había en la estantería.

«¿Pero qué m***** te pasa?», gritó. «Nada», respondí. Me quedé allí, tranquilo, con la atención centrada en la respiración.

Noté que se me aceleraba el pulso, pero devolví la atención una y otra vez a la respiración y al peso de los pies sobre el autobús, que ahora ya se acercaba al aeropuerto. Cuando llegamos a la terminal, el hombre se había calmado y mi pulso había recobrado la normalidad. Todos desembarcamos y nos dirigimos a los mostradores de facturación.

Dar un paso atrás y observar los pensamientos a medida que vienen y van

A veces, los pensamientos y las emociones llegan en tropel, sobre todo cuando alguien nos critica o ha intentado hacernos daño. Cuando sucede algo así, lo mejor es tomar distancia. Prueba a hacer esto:

- Imagina que llueve con fuerza y que estás en un puente, sobre un río a punto de desbordarse. El agua turbulenta es tu mente, que forma torbellinos en medio del caos. El río es cada vez más peligroso y arrastra todo tipo de escombros. Hay ramas de árboles muertos, tablas de madera y neumáticos.

- Los escombros son los pensamientos y las emociones. Pueden ser recuerdos desagradables sobre algo que alguien dijo acerca de ti, o quizá pensamientos negativos acerca de ti mismo y de todo lo que puede salir mal a partir de ahora. Junto a los pensamientos, discurre una corriente de emociones negativas, como la ira, la tristeza, el arrepentimiento o la sensación de que no eres lo bastante bueno. Todo ello baja arremolinado por el río.

- No intentes agarrar nada. Te arriesgas a que te arrastre río abajo. Solo tienes que estar presente. Siente el peso de los pies sobre el puente, siente las sensaciones del cuerpo y de la respiración, al inspirar y al espirar. Si estás de pie mientras haces el ejercicio, separa los pies a la anchura de las caderas. Imagina que los pensamientos y las emociones pasan por debajo de ti. Imagina que apoyas las manos en la pared del puente y que miras hacia abajo, al agua. Siente la pared de piedra bajo las manos.

* Si te distraes, reconduce la atención a la respiración. Respira lenta y profundamente. Centra la atención en tu cuerpo. Observa las emociones y los pensamientos, deja que vengan y se vayan.

A medida que practiques, irás percibiendo un gran cambio. En lugar de alterarte, observarás a tu mente alterándose. En lugar de estar confundido, observarás a tu mente estando confundida, etcétera.

Estar presente mejora las relaciones

Cuando escuchamos hablar a alguien, tendemos a pensar sobre lo que vamos a responder nosotros. A veces, pensamos en lo que haríamos nosotros en su situación y en cómo podríamos ayudarlo. Quizá, empezamos a evaluar lo que nos dice y a formular un contraargumento. La cuestión es que, en realidad, no escuchamos. En el mejor de los casos, solo escuchamos para poder responder.

Cuando estamos con alguien, merece la pena que estemos presentes. El primer paso antes de una reunión, una entrevista, una fiesta o una cena con un amigo es asegurarnos de que estamos presentes. Si estamos presentes al principio, nos será más fácil regresar si nos despistamos.

Estar presentes nos hace mejores deportistas

Hay deportistas que experimentan *la zona*, un punto en el que todo parece ir a cámara lenta. Hacen instintivamente el movimiento adecuado en el momento adecuado, sin necesidad de pensar en ello.

A continuación encontrarás el ejemplo de un amigo mío aficionado al golf.

> Recuerdo ese día de hace diez años como si fuera ayer. Un amigo y yo habíamos decidido pasar el día jugando al golf. El plan era jugar nueve hoyos por la mañana, descansar para almorzar y jugar otros dieciocho hoyos por la tarde.
>
> El juego de la mañana fue uno de tantos. Sin embargo, me permitió conectar con el campo y visualizar las calles y los *greens* con claridad. Por la tarde, y con la confianza que me daba el conocimiento adquirido por la mañana, me puse a jugar con actitud despreocupada.
>
> Recuerdo que estaba en un espacio muy silencioso. No había diálogo interno, no había críticas ni juicios.
>
> Me olvidé de la puntuación y me limité a estar en el momento. Todo sucedió de forma natural e instintiva, como en piloto automático. Ha sido la mejor puntuación que he conseguido jamás.

Estar presentes nos convierte en mejores oradores

Si tienes que hablar ante un público numeroso, prueba el ejercicio siguiente.

Estar presente antes de una presentación

Asegúrate de estar presente antes de salir al escenario o ponerte ante las cámaras. Tendrás más presencia, literalmente hablando, y conectarás mejor con el público.

> De vez en cuando, siente el peso de los pies sobre el suelo y dirige la atención a la respiración. Te ayudará a garantizar que no te dejas llevar por tus pensamientos internos.

Siempre que tengo que hablar en algún evento en directo, me gusta llegar entre media hora y una hora antes, y conversar con las personas del público que han llegado antes también. Charlan conmigo sobre su trabajo, sus aficiones y sus intereses. En muchos casos, descubrimos puntos en común, tanto si es un lugar que hemos visitado como un problema que hemos tenido que solucionar. Aprendo sus nombres y los escribo antes de empezar la presentación. Todo esto me exige estar presente y escuchar con atención.

Cuando empiezo a hablar, ya conozco a varias personas del público y algunos de ellos tienen ganas de participar. Uso el PowerPoint lo menos posible y dedico tanto tiempo como puedo a ejercicios prácticos. Estar presente y conectar con las personas hace que todo vaya bien.

Te invito a que lo pruebes.

Estar presente refuerza la intuición
El *Encarta World English Dictionary* definía la intuición como un «conocimiento directo e inmediato, sin razonamiento». Muchas personas creen, o asumen, que la intuición es solo cuestión de experiencia. Herbert A. Simon, que recibió el Premio Nobel de Economía, dijo que «la intuición es nada más y nada menos que reconocimiento». La obra de Daniel Kahneman (otro premio Nobel y autor del éxito de ventas *Pensar rápido, pensar des-*

*pacio)** y de Malcolm Gladwell, quien escribió *Inteligencia intuitiva*,** refleja esta misma idea.

Es obvio que el reconocimiento puede tener algo que ver. Por ejemplo, los grandes futbolistas y tenistas acumulan mucha práctica y experiencia viendo cómo las pelotas se desplazan por el aire y golpean el suelo. Gracias a esta experiencia, pueden reconocer hacia dónde es más probable que rebote el balón sin ni siquiera tener que pensar en ello (tampoco es que tengan demasiado tiempo para pensar nada).

Del mismo modo, ahora que llevo muchos años seleccionando a altos ejecutivos, reconozco pautas de conducta en las personas, lo que me resulta muy útil. Sin embargo, discrepo de la afirmación de que la intuición no es nada más ni nada menos que el hecho de reconocer algo que ya sabemos. Una vez que aprendí a estar presente, mi intuición se activó cual foco reflector. De repente, entendía mucho mejor a los demás. Sabía exactamente qué candidato encajaría mejor con qué cliente en términos de química personal y de estilo de trabajo.

Sin embargo, eso no significa necesariamente que la intuición implique siempre el reconocimiento de patrones. Incluso en el caso de los futbolistas y de los tenistas, es muy posible que suceda algo más, como cuando entran en *la zona* que he descrito antes.

Dos años antes de la publicación de este libro, de repente empecé a experimentar mucho más de lo que podríamos llamar *espectro intuitivo*. Te daré un ejemplo. He visitado a Nithyananda Paramashivam, al que sus seguidores conocen como Swamiji (véanse páginas 195 y 202) varias veces en su *áshram* y en otros lugares de la India. Aunque he visto a gente hacer cosas extraor-

---

* Barcelona, Debolsillo, 2013.
** Madrid, Taurus, 2017.

dinarias en la India y en el Reino Unido, me ceñiré a lo que yo he experimentado personalmente. Recuerda que carezco de toda formación médica, a excepción de la insignia de primeros auxilios de cuando estuve en los Scouts.

Mientras estaba trabajando en este libro, Swamiji me inició, junto con otros, en una *śakti* (energía yogui) conocida como *escáner corporal*. No es la práctica budista de escanear el cuerpo como una forma de meditación. Nos pidió que escaneásemos de la cabeza a los pies el cuerpo de otros (durante dos minutos) y dijéramos dónde tenían algún problema.

Escaneé a las primeras diez personas en cuatro ocasiones distintas, y acerté en un 90 % de lo que dije en nueve de los casos, con absolutos desconocidos. En un caso escaneé a alguien a quien sí conocía y acerté en menos de un 50 % de lo que dije (tuve muchos pensamientos sobre lo que le podría pasar, a partir de la información que había reunido durante las tres veces que había hablado con él anteriormente).

En una ocasión, escaneé a un hombre indio y le dije: «Tienes problemas en el corazón, en el sistema urinario y en los pies» (*sistema urinario* no es una expresión que use normalmente; luego tuve que buscarlo en Google). Me dijo que hacía unos años le habían operado de un orificio en el corazón y que en esos momentos tenía una infección de orina. También tenía un problema médico en los pies, pero no alcancé a comprender qué le pasaba.

Insisto en que no «vi» las enfermedades, sencillamente «supe» que estaban ahí. Quizá ahora entiendes por qué no creo que la intuición sea una mera función de la experiencia y del reconocimiento de patrones. Sé que puede parecer increíble, pero te puedo dar muchos ejemplos más.

Tanto si nos damos cuenta de ello como si no, todos estamos

en algún punto del espectro de la intuición y no se trata de una habilidad fija. Si haces los ejercicios del libro, tu intuición será cada vez más potente.

MINDFULNESS Y MEDITACIÓN

Los ejercicios que te he enseñado hasta ahora se podrían describir como mindfulness. Redirigimos la atención al presente una y otra vez; cada vez que la mente empieza a divagar, la reconducimos suavemente.

Si practicamos la atención plena un par de veces al día, sentados a solas en un lugar tranquilo, poco a poco se irá extendiendo a toda nuestra vida.

Cada actividad es una oportunidad para mantener la atención en el aquí y el ahora, ya estemos fregando los platos o caminando por la calle.

Practicar mindfulness durante el día

Levántate y camina lentamente. Siente cómo los pies presionan el suelo y la respiración, que entra y sale del cuerpo.

Es posible que, de vez en cuando, notes que la atención se ha dispersado. De repente, te descubres sumergido en pensamientos acerca del pasado o del futuro, o acerca de lo que puede estar pasando ahora en otro lugar.

En cuanto te des cuenta de ello, devuelve la atención al presente usando uno de tus sentidos. Por ejemplo, te puedes clavar la uña del pulgar en la yema del índice. Una leve molestia puede ser muy útil: llama nuestra atención.

Meditación trascendental

Maharishi Mahesh Yogi introdujo la meditación trascendental en Occidente en 1959. Es una técnica sencilla, natural, que no exige esfuerzo y que se practica dos veces al día durante veinte minutos. Aunque hablar de trascendencia pueda parecer una exageración al principio, millones de personas han experimentado ese estado gracias a la meditación. Cuando trascendemos, vamos más allá del estado ordinario de la consciencia en estado de vigilia. De repente, no hay pensamientos. Solo hay consciencia.

La meditación trascendental es una técnica absolutamente distinta al mindfulness. Al igual que la atención plena, la meditación trascendental consiste en darle algo que hacer a la mente. En este caso, usamos un mantra, que es una herramienta para la meditación (*mantra* es un término sánscrito que significa «instrumento de la mente»).

Cuando aprendemos meditación trascendental, recibimos un mantra personal de manos de nuestro maestro, además de la técnica para usarlo de un modo natural y sencillo.

Asistí a una charla de presentación y el maestro Neil Lukover nos explicó que la meditación trascendental facilita que la mente se serene para que el cuerpo pueda hacer lo mismo y, así, proporcionarnos un descanso profundo. Como resultado, «el cuerpo queda profundamente descansado y la mente está llena de vitalidad». Él lo llamaba *alerta reposada*. Me había apuntado a un curso de cuatro sesiones y, entre una y otra, practicábamos a solas. Cada uno lo experimenta de un modo distinto. Las primeras veces fueron difíciles para mí, pero entonces, de repente, empezaron a pasar cosas. Sentí que una especie de impulsos eléctricos recorrían mi cuero cabelludo, de un lado a otro. Entonces empecé a dejarme ir de forma natural durante la meditación (lo llaman *profundizar*). Al principio fue como si me hubiera lanzado de pie a una piscina profunda mientras seguía respirando con normalidad. Tal y como Neil había predicho, había veces en que el mantra desaparecía y me dejaba en un estado sin pensamiento, sin mantra. Era dicha pura.

Cuando dominé esta técnica tan sencilla, ya no me exigió el menor esfuerzo. También me di cuenta de que si pasaba un día o dos sin meditar, me sentía oxidado. Cuando reanudaba la meditación, sentía que me revitalizaba. Era como si un río se hubiera estancado y, de repente, volviera a fluir.

Luego, me di cuenta de que la meditación trascendental eliminaba aproximadamente el 90 % del *jet lag* que solía experimentar. Poco después de haber aprendido a meditar así, viajé de Londres a Shanghái. Hasta ese momento, mi cuerpo había necesitado unos cuatro días para adaptarse del todo después de un vuelo a tan larga distancia. Como siempre, comí los platos que me dieron en el avión y dormí tanto como pude, pero la gran diferencia vino cuando me desperté y no pude dormir. Me puse a leer y, cuando me cansaba, practicaba meditación trascendental durante veinte minutos.

Llegué al hotel de Shanghái relativamente descansado y dormí durante un par de horas. Cuando me desperté me encontraba bien, sin apenas *jet lag*. Lo mismo sucedió en el viaje de regreso a Londres.

*La meditación trascendental nos permite experimentar
la unidad*

En esencia, *unidad* significa que no hay separación. Cuando aprendí meditación trascendental, sentí una conexión más fuerte con las personas y con los animales. Algunos animales están íntimamente conectados con miembros de su propia especie. Los bancos de peces y las bandadas de aves pueden viajar en formaciones densas y girar en un instante, sin chocar entre ellos. Los seres humanos acostumbramos a estar mucho menos coordinados, pero a veces suceden cosas extraordinarias (me siento obligado a advertirte que no pruebes a hacer lo que estás a punto de leer).

Un día, estaba en un vagón del metro de Londres, de camino a una reunión con el fundador de una empresa de *software*. Estaba de pie, leyendo el periódico. Había gente sentada, gente de pie..., algunos hablaban y otros permanecían en silencio.

En uno de los bancos había un hombre de unos sesenta años, sentado frente a un joven que parecía rondar los veinte. De vez en cuando, el más mayor criticaba al joven en voz baja, y el joven le respondía con insultos, cada vez más enfadado.

Tuve la sensación de que el joven estaba a punto de pegar al mayor delante de todos los pasajeros, pero nadie se movió ni dijo nada.

De repente, en cuestión de segundos, varios de nosotros estábamos sobre el joven, que quedó tendido boca abajo sobre el banco. Yo estaba cerca de su oreja izquierda y le susurré: «No hagas nada o acabarás en la cárcel».

Unos segundos después, lo soltamos y seguimos con nuestros periódicos, conversaciones o lo que fuera. Nadie dijo nada.

En la parada siguiente, el joven se levantó, murmuró algo y bajó al andén. Cuando hubo desaparecido, nadie dijo nada.

Una vez le conté este episodio a un amigo que era militar. Me dijo que estaba loco, que el joven podría haber apuñalado a cualquiera de nosotros. Sin embargo, actuamos simultáneamente sin planificación ni comunicación previa. Todo sucedió en un instante.

Las ideas y las soluciones llegan cuando no pensamos
Quizá alguna vez te haya pasado algo parecido a esto:

- Intentas resolver un problema hasta que te bloqueas y no puedes seguir.
- Haces alguna actividad física, como caminar, nadar o practicar algún deporte.
- De repente, la solución aparece sola, durante la actividad o poco después, cuando te vuelves a centrar en el problema.

¿En qué ocasiones te ha surgido la solución a algo cuando has dejado de pensar y te has dejado llevar? Escríbelo para que no se te olvide.

Los beneficios de la meditación se han demostrado científicamente
Muchos maestros de meditación, como los que menciono en este libro, cuentan con formación científica:

Nombre	Formación
Ajahn Brahm	Física teórica
Jon Kabat-Zinn	Biología molecular
Maharishi Mahesh Yogi	Física
Shamash Alidina	Ingeniería química

Se han publicado miles de estudios sobre la meditación y el mindfulness. A continuación tienes dos ejemplos:

- En un estudio llevado a cabo en el Hospital General de Massachusetts y publicado en el *Journal of Clinical Psychiatry*, se asignó aleatoriamente a noventa y tres participantes con trastorno de ansiedad generalizada (TAG): (a) a una reducción del estrés basada en el mindfulness (MBSR); o (b) a técnicas de afrontamiento del estrés. La reducción de la ansiedad fue significativamente superior en el grupo que aprendió MBSR.
- En un estudio publicado en el *American Journal of Cardiology*, el doctor Robert Schneider y sus colegas concluyeron que la mortalidad por todas las causas en personas mayores con hipertensión arterial que practicaban meditación trascendental se redujo en un 23 % y la mortalidad por enfermedades cardiovasculares se redujo en un 30 %, en comparación con el grupo de control.

TÚ «ERES»

Las prácticas como el mindfulness, la meditación trascendental o el yoga nos ayudan a pensar mucho menos en nuestra vida cotidiana y limitarnos a «ser». Empezamos a regresar a nuestro estado original.

Cuando somos bebés, solo «somos», irradiamos amor. A medida que crecemos, nos empezamos a identificar con todo tipo de cosas. Empezamos a creer que somos nuestro cuerpo, lo que puede hacer que nos obsesionemos con cada cambio que percibimos o que le tengamos miedo a la muerte. Muchos de nosotros creemos que «somos» la mente, ese incesante parloteo interno que exige una respuesta, con la compulsión de analizar a todos y a todo.

Nos identificamos con muchas otras cosas: la educación, el origen social, la etnia, la nacionalidad, las creencias religiosas, las relaciones, el trabajo, los ingresos, la riqueza y las posesiones físicas.

Piensa en ello durante unos instantes. Cuando naciste, no eras ninguna de esas cosas. Cuando mueras, lo dejarás todo atrás. Entonces, ¿qué pasa en el intermedio? ¿Quién eres, si no eres ese montón de cosas con las que te identificas?

La respuesta es que eres esa *consciencia pura* que puedes experimentar durante unos segundos si te despiertas con suavidad, sin despertador. Entonces, al cabo de unos minutos, la mente empezará a parlotear sobre lo que te preocupa, sobre tus responsabilidades, sobre el té, el café, el desayuno, etcétera.

La consciencia está ahí, en el fondo, siempre. Tal y como te he explicado antes, es como la pantalla de un cine. La película se superpone a la pantalla durante una hora o dos, y nos parece que formamos parte de ella. Nos quedamos atrapados en la acción, que puede ser muy divertida... o muy perturbadora. Olvidamos que somos la pantalla, que estamos en silencio, que somos inmutables.

Si meditas correctamente, puedes experimentar la consciencia pura. No hay identidad, no hay John Purkiss, no hay Frida Smith. No hay pensamientos ni creencias, no hay historias sobre lo que ha sucedido, está sucediendo o va a suceder. Solo hay consciencia.

Yo «soy»

Mientras pasees o estés sentado en algún sitio, céntrate en un solo pensamiento: «Soy».

Si surge cualquier otro pensamiento (que surgirá, casi con total seguridad), recupera el pensamiento inicial.

Si te das cuenta de que te empiezas a identificar, déjalo ir. Regresa al pensamiento: «Soy».

Piénsalo una y otra vez, como si fuera un mantra (de hecho, es un mantra).

Y ya está. Es muy sencillo, pero sorprendentemente potente si persistes. Este ejercicio ha ayudado a muchas personas a alcanzar la iluminación.

Fíjate en que no dices «soy esto» o «soy lo otro». Solo dices «soy». En otras palabras, no te identificas con nada. Te limitas a ser.

Es un cambio radical. Eres. Todo lo demás viene y va.

Usar el mantra «soy»

Puedes usar el mantra en cualquier momento y en cualquier lugar. A continuación tienes dos ejemplos.

- Si estás practicando una actividad física intensa, como correr, intenta pensar «soy» una y otra vez. Es posible que te des cuenta de que el *soy* coincide con el ritmo de la inspiración y la espiración, mientras el cuerpo sigue haciendo lo que tiene que hacer.

- Si la mente se desboca y especula sobre lo que puede pasar o dejar de pasar, céntrate en «soy». Si mantienes la mente centrada en «soy», quizá descubras que el torrente de pensamientos empieza a remitir.

Las técnicas que has aprendido en este capítulo te ayudarán a estar presente. Así, la vida se desplegará con naturalidad, incluyendo las cosas que deseas que sucedan.

RESUMEN

- Si permitimos que campe a sus anchas, la atención va de un lado a otro, sin control. Estar presente significa devolver la atención al momento actual.
- Dejar de pensar es muy difícil. Es mejor que le demos a la mente algo que hacer.
- Siéntate y relájate, centra la atención en la respiración. Si la mente empieza a divagar, devuélvela suavemente a la respiración. En la página 30 encontrarás el ejercicio completo.
- Ahora puedes ampliar la atención a los cinco sentidos. Encontrarás el ejercicio en la página 32.
- Cuando hay un espacio en blanco entre dos pensamientos, ese es un momento de consciencia pura. Es como una pantalla de cine, que está siempre ahí, mientras que las imágenes proyectadas vienen y van.
- No juzgues ni las emociones ni los pensamientos. Limítate a observarlos. Te darás cuenta de que se van y de que nuevos pensamientos y nuevas emociones ocupan su lugar.
- Estar presente de este modo te puede ayudar a ver las cosas con claridad antes de decidirte a actuar. Reduce el estrés. También te ayuda a dejar ir el miedo, a mantenerte a salvo, a conservar la calma y a disfrutar de la armonía en las relaciones. Te hará mejor en el deporte y mejor cuando hables en público.
- El mindfulness, el yoga y la meditación trascendental nos ayudan a estar presentes y a dejar ir lo que nos lastra.

- «Soy» es un mantra útil para estar presente y dejar ir nuestra identidad.

CAPÍTULO 2

Dejar ir los pensamientos que nos bloquean

Una vez que hemos aprendido a estar presentes y a observar los pensamientos, podemos empezar a dejarlos ir.

Quizá te preguntes si es buena idea o no. La respuesta a esa pregunta es que los pensamientos repetitivos nos bloquean e impiden que las cosas sucedan. A continuación tienes unos ejemplos:

- Pensamientos acerca del pasado.
- Pensamientos acerca del futuro, preocupaciones y «ojalás».
- Historias.
- Etiquetas.
- Juicios.
- Expectativas.
- Comparaciones.
- Opiniones.
- Conclusiones.
- Teorías de la conspiración.

Estos pensamientos nos impiden ver y escuchar lo que sucede, absorber información y explorar oportunidades nuevas. Bloquean nuestra intuición e imposibilitan que tengamos ideas útiles. Cuando dejamos ir los pensamientos repetitivos, permitimos que las cosas sucedan de maneras nuevas y emocionantes.

DEJAR IR LOS PENSAMIENTOS SOBRE EL PASADO

Lo que pensamos sobre el pasado interfiere con lo que sucede en el presente. Soltarlo deja espacio para que sucedan cosas nuevas.

Los niños pequeños se quedan verdaderamente fascinados siempre que ven algo por primera vez. Puede ser un perro, un gato, una flor, un árbol, un charco, una tormenta de verano o un atardecer. Cuando llegamos a la edad adulta, hemos recopilado una larga lista de experiencias acerca de lo que nos rodea, desde perros hasta atardeceres.

Cuando ahora vemos un atardecer o un perro que se acerca a nosotros, surgen automáticamente pensamientos del pasado. Asociamos lo que sucede ahora con alguna experiencia anterior. Cuando vemos un atardecer, quizá empecemos a pensar en esas vacaciones de hace unos años y con quién estábamos en aquel momento. Si se nos acerca un perro, quizá pensemos en el que teníamos de pequeños y recordemos lo tristes que nos pusimos cuando murió.

Si relacionamos constantemente el presente con el pasado, no podemos experimentar la vida a medida que se despliega. Además, nos puede resultar aburrida y pesada. Normalmente, es más fácil percibirlo en los demás que en nosotros mismos. Probablemente conozcas a alguien que siempre reacciona ante lo que sucede en el presente refiriéndose al pasado. Quizá lo hayas notado en ti mismo: tu pasado interfiere con tu presente (es muy difícil conocer a una posible pareja si la comparamos una y otra vez con nuestra ex).

Es innegable que la experiencia es valiosa. Nos ayuda a tomar decisiones informadas. Desde la primera infancia, aprendemos que los perros muerden, que las ortigas pican, etcétera. Si hacemos algo con frecuencia, empezamos a reconocer patrones que nos resultan útiles. Cuando llevamos un tiempo jugando al tenis, aprendemos cómo rebota la pelota y el efecto que tendrá un saque concreto. La experiencia nos ofrece generalizaciones acerca de lo que es probable que suceda a continuación. Aunque siempre podemos recurrir a la experiencia si es relevante, siempre es mejor tomar decisiones basándonos en lo que sucede ahora.

«Dejar ir el pasado» es una de esas cosas que es mucho más fácil decir que hacer. Las personas, los lugares y las situaciones en que nos encontramos activan nuestros recuerdos.

Dejar ir el pasado

La próxima vez que escuches hablar a alguien, quizá te des cuenta de que, mentalmente, has establecido algún tipo de comparación con el pasado.

Ahora tienes dos opciones:

- Puedes elegir hablar acerca del pasado. Si lo haces, quizá puedas predecir el curso de la conversación.
- Puedes elegir no decir nada acerca del pasado. De hecho, puedes no decir nada en absoluto y ver qué sucede a continuación. Pruébalo.

¿Qué sucede entonces?

Este ejercicio requiere algo de práctica. Alguien dice algo y, de repente, te sorprendes hablando largo y tendido acerca del pasado. Cuando esto suceda, pregunta algo a tu interlocutor para devolverle la palabra. Después, escucha y espera a ver qué sucede.

Si la conversación se detiene unos segundos, déjalo. Algo sucederá. No tienes por qué ser tú hablando de nuevo sobre el pasado.

El espacio es el lugar donde suceden las cosas nuevas
Cuando dejamos de establecer comparaciones con el pasado, creamos el espacio para que suceda algo nuevo. Al principio puede dar algo de miedo. Algunos nos identificamos mucho con el pasado: dónde nacimos, nuestra educación, nuestro trabajo, nuestros logros... El problema es que, cuando nos identificamos con el pasado, pensamos en él sin cesar, lo que nos dificulta sobremanera poder cambiar nada. Todo sigue sucediendo del mismo modo en que ha sucedido siempre. Incluso cuando pensamos que queremos cambiar de verdad, el pasado sigue prediciendo nuestro futuro.

No te pido que olvides lo que has aprendido ni las experiencias que has tenido. Sencillamente, digo que lo mejor es dejarlo ir y experimentar con mente abierta lo que sucede ahora.

DEJAR IR LAS PREOCUPACIONES ACERCA DEL FUTURO

El futuro no es un problema. El único que se preocupa por el futuro es el ego. Si nos identificamos con el cuerpo/mente, automáticamente tendremos pensamientos ansiosos acerca de lo que sucederá, de lo que podría suceder, etcétera. Nos han condicionado para que veamos la vida como una lucha por la supervivencia.

Este libro te ayudará a dejar ir el ego y a experimentarte como consciencia. Entonces, tendrás muy pocas preocupaciones acerca del futuro (si es que tienes alguna). Emprenderás las actuaciones adecuadas en el momento adecuado y todo sucederá con mucha más facilidad. Mientras, el ejercicio siguiente te ayudará a empezar a dejar ir las preocupaciones acerca del futuro.

Dejar ir el futuro

Ten claro qué quieres que suceda. Por ejemplo, quizá te quieras mudar de casa, encontrar otro trabajo o una nueva oportunidad de negocio. Si quieres, escríbelo en un papel o reúne algunas imágenes relacionadas con lo que deseas y que puedas mirar.

Toma conciencia de que, si piensas repetidamente en algo, antes o después se empezará a manifestar en tu vida (profundizaré en esta idea a partir del siguiente capítulo). Por eso es tan importante que dejes ir los pensamientos acerca de lo que no quieres que suceda. Si te das cuenta de que estás pensando en algo que no quieres que ocurra, reorienta rápidamente la atención a lo que sí quieres que pase. Si te das cuenta de que estás hablando sobre algo que no quieres que suceda, para inmediatamente.

Ahora, devuelve la atención al momento presente, tal y como te he enseñado en el capítulo 1. Deja ir todas las preocupaciones mientras te centras en la respiración y en los sentidos. Hazlo siempre que te notes ansioso. Es imposible estar presente y preocuparse por el futuro al mismo tiempo. Así que mantente en el presente.

Es posible que la mente te diga que te estás engañando a ti mismo, que has de preocuparte por el futuro. No le hagas caso, mantente en el presente y pasa a la acción. Cuanto más presente estés, con más claridad te dirá tu intuición qué has de hacer.

DEJAR IR LAS HISTORIAS

La mejor manera de vivir es experimentar cada momento y dejarlo marchar. Sin embargo, la mayoría de nosotros no lo hacemos. Etiquetamos las experiencias y las reunimos para crear historias con ellas. Historias acerca de nosotros, de los demás y del mundo que nos rodea.

Nos contamos esas historias a nosotros mismos y se las explicamos a los demás. Las vivimos. Algunas se basan en acontecimientos dolorosos del pasado, pero modelan el presente y el futuro, y nos causan mucho más dolor.

Algunas de las historias que nos contamos tienen su utilidad. La mayoría de nosotros tenemos una historia acerca de lo que hacemos. Si alguien nos pregunta qué hacemos, es útil poder responder con rapidez antes de que se distraiga. Por ejemplo, si no conozco demasiado a la persona con la que estoy hablando, acostumbro a responder algo sencillo, como «soy cazatalentos y escribo libros». O algo más específico, como «ahora mismo estoy seleccionando a un director ejecutivo y acabando de escribir un libro». Y entonces hablamos de lo que sea que le haya interesado.

La mayoría de nosotros necesitamos una historia básica para interactuar con los demás y funcionar en la sociedad. Es como llevar ropa. Andar por ahí desnudo no es lo más conveniente, pero tampoco ayuda demasiado obsesionarse con la ropa o con las historias. No es necesario hablar de ellas sin parar o permitir que ocupen toda nuestra vida. Todo se vuelve mucho más complicado cuando empezamos a ensamblar historias acerca de nuestros pensamientos y de nuestras emociones. Lo hacemos a lo largo de los años, con la ayuda de nuestros padres, nuestros maestros, nuestros amigos, nuestros colegas y de los medios de comunicación. Aunque algunas de las historias son positivas, empezaremos por las negativas.

- Siempre tengo problemas con...
- Aunque parezca que lo tengo todo, sigo sin ser feliz.
- No quiero presumir.
- La gente como yo no hace esas cosas.
- Antes tenía éxito, pero ya no.
- Tengo mala suerte en el amor.
- Soy víctima de...
- Nada me sale bien.
- No encajo.
- Soy demasiado mayor [o demasiado joven].
- No soy lo bastante bueno.
- Siento que soy un perdedor.
- No puedo...

Algunas personas están tan inmersas en ello que creen que son sus historias. Están atrapadas, como los personajes de una obra de teatro. Sus historias limitan su vida.

Ahora te toca a ti. ¿Qué historias negativas te cuentas acerca de ti mismo? Escríbelas. Si te quedas en blanco, repasa la lista anterior para inspirarte.

Son tus historias, así que las puedes dejar ir

Quizá tengas varias historias sobre varios temas. Lo mejor es trabajarlas una a una.

Probablemente, te hayas dado cuenta de que me refiero a esas historias como «tus» historias. Lo hago porque, vengan de donde vengan, «tú» eres quien decide aferrarse a ellas... o dejarlas ir. Este libro te ayudará a hacer lo segundo. El mero hecho de ser consciente de que *tienes* una historia ya te puede resultar muy útil.

Un día, mientras mi amiga Jacq me llevaba a la estación, le hice una pregunta. Esta es la esencia de nuestra conversación:

Yo: ¿Qué tal va todo?

Jacq: Todo va bien, excepto la empresa. Trabajo mucho y siempre estoy ocupada, pero por algún motivo no gano el dinero que querría ganar. Es como si hubiera un techo de cristal del que no puedo pasar.

Yo: Eso me suena a historia. ¿Qué creencias hay detrás?

Jacq: No acabo de entender qué quieres decir.

Yo: ¿Qué historia te cuentas a ti misma acerca de ti y de tu éxito?

Jacq: Mmm... Bueno, cuando miro el mundo que me rodea, lo que más me duele es la desigualdad. Todo, desde el acceso a la comida, al dinero, a la salud o a la felicidad, e incluso las habilidades deportivas. Imagino que si tengo demasiado éxito, me convertiré en uno de los perpetradores, en uno de los malos que crea desigualdad. *(Se empieza a reír.)*

Yo: ¿Y qué sacas de contarte continuamente esa historia?

Jacq: Si yo tampoco consigo lo que quiero, puedo seguir pensando que soy «uno de los buenos», en lugar de ser de los malos. Vaya. No tenía ni idea de que estaba interpretando esta historia...

Yo: ¿Qué sucedería si dejaras ir la creencia de que no puedes conseguir lo que quieres?

Jacq: Echaría por tierra toda mi historia. *(Se ríe de nuevo.)* Es graciosísimo, tengo muy claros mis valores sobre la justicia y la igualdad, pero no tenía ni idea de que me estaba aferrando a esta historia. Me alegro muchísimo de haberlo sacado a la superficie. Es absurdo.

Yo: ¿Cuál sería el beneficio de dejar ir esta historia ahora?

Jacq: Bueno, creo que la vida me resultaría más fácil y que tendría más éxito económicamente. Entonces, podría aportar más dinero a organizaciones no gubernamentales que proporcionan asistencia médica. Y si no estoy tan ocupada reteniéndome a mí misma, quizá tenga más tiempo y energía para ayudar a corregir otras injusticias. En realidad, está muy claro. Podría haber seguido atrapada ahí durante el resto de mi vida.

Algunas historias se desvanecen en cuanto las miramos con atención. La vergüenza y la risa pueden ser muy útiles.

Dieciocho meses después, la vida de Jacq había cambiado por completo:

Es asombroso. La vida es más fácil en todos los sentidos, tanto en casa como en el trabajo. Mi empresa se ha duplicado con creces. Ahora puedo emplear a más personas y dar más dinero a mis ONG preferidas. Ahora que la vida es más fácil, participo en la comunidad de Scouts y busco otras maneras de hacer más en otros ámbitos. Ahora parece que no hay límites a lo que puedo hacer.

Si dejamos ir las historias, permitimos que sucedan cosas nuevas

Dejar ir las historias

Busca una hoja de papel en blanco y elige una de las historias negativas que te cuentas acerca de ti mismo (página 65). Escribe las respuestas a las preguntas siguientes:

- ¿Qué historia te cuentas acerca de ti mismo?
- ¿Qué creencias subyacen en tu historia?
- ¿Qué placer o consuelo a corto plazo obtienes de aferrarte a esas creencias?
- ¿Qué ganas cuando cuentas esta historia?
- ¿Qué precio pagas por esa historia?
- ¿Cuál sería el beneficio de dejar ir la historia?

Tal y como he dicho antes, es muy posible que tengas varias historias. Si es así, te recomiendo que hagas este ejercicio historia a historia. Identifica y deja ir tantas historias como puedas.

También podemos descubrir que tenemos historias acerca de otras personas
A continuación tienes algunos ejemplos:

- La gente es muy maleducada.
- Todo el mundo mira solo por sí mismo.
- Son todos una panda de creídos.
- Todos los políticos son unos mentirosos.

Entender las historias acerca de los demás

Escribe tus historias acerca de los demás y repite el ejercicio:

- ¿Qué historia te cuentas acerca de los demás?
- ¿Qué creencias subyacen en tu historia?
- ¿Qué placer o consuelo a corto plazo obtienes de aferrarte a esas creencias?
- ¿Qué ganas cuando cuentas esa historia?
- ¿Qué precio pagas por esa historia?
- ¿Cuál sería el beneficio de dejar ir la historia?

Las historias positivas también pueden ser limitantes
Antes, te he presentado una lista de las historias negativas que nos podemos contar acerca de nosotros mismos. Las historias positivas, como «soy un ganador», «tengo éxito» o «soy un buen padre», pueden ser igualmente limitantes.

A veces, es difícil de entender, sobre todo si hemos crecido en una cultura occidental. Nos han condicionado intensamente para que nos veamos como cuerpos/mentes individuales y separados que intentan conseguir lo que quieren compitiendo con muchos otros cuerpos/mentes.

La realidad es que no somos ni el cuerpo ni la mente, porque podemos observar tanto nuestros cuerpos como los pensamientos en cambio constante a los que llamamos *mente*. Somos el observador sobre el puente. Somos consciencia, que nunca cambia. Todo lo demás viene y va. En este libro, te enseño a dejar ir tu identidad (como Frida Smith, Fred Jones o quien seas) y vivir desde la consciencia, que es infinitamente poderosa. Cualquier otra etiqueta que te apliques, incluso si es positiva, como «buen padre» o «muy inteligente», te limita y no refleja quién eres en realidad.

Por ejemplo, si tú o yo decimos que somos una «buena persona», nos estamos limitando a ser una persona, un conjunto de pensamientos y de moléculas que existen durante unas décadas (si tenemos suerte) y que luego desaparecen de nuevo, como una ola en el océano.

Si has experimentado la consciencia pura durante la meditación o en alguna de las otras prácticas que describo en el libro, sabrás que hay momentos en que estamos conscientes, pero no hay ningún pensamiento. Todas las etiquetas que nos aplicamos desaparecen. La consciencia es infinita.

Si vivimos desde la consciencia y abandonamos la identidad de «buena persona», experimentamos una plenitud extraordinaria (y habremos iniciado el camino hacia la iluminación). En lugar de preocuparnos por nuestro personaje de buena persona y tener que defenderlo, etcétera, podemos vivir la vida al máximo. Amor, creatividad, energía, inspiración... empezarán a llegar a raudales. Haremos cosas que jamás creímos posibles. Me resulta difícil describírselo a alguien que aún no lo ha experimentado. Solo te puedo sugerir que des el salto y lo experimentes por ti mismo. Este libro está diseñado para ayudarte a conseguirlo.

Estar presente para interrumpir las historias

Cuando te des cuenta de que la mente te empieza a contar una de sus historias, devuelve la atención al presente. Elige un objeto y centra la atención en él. Puede ser un edificio, un árbol, una taza o una uña. Míralo con atención, estúdialo.

Quizá te des cuenta de que la historia se ha detenido. Si la mente empieza a divagar, es posible que la historia se reanude. Solo tienes que centrar la atención en otro objeto y estudiarlo, también. Te darás cuenta de que la historia se ha vuelto a detener.

Espero que ahora puedas ver que tus historias no son reales, son parloteo mental. Son como un niño pequeño que habla sin cesar para intentar llamar tu atención. Puedes querer mucho al niño, pero no tienes por qué creer las historias que te cuenta.

No analices tus historias. Con eso solo complicarás la tarea de dejarlas ir. A lo largo del libro te enseñaré varias técnicas que te ayudarán a soltarlas.

DEJAR IR LAS ETIQUETAS

Muchos de nosotros acostumbramos a poner etiquetas, ya sea a nosotros mismos o a los demás. Decimos «es de finanzas» o «no soy emprendedor». En mi trabajo, a veces conozco a gente que ha completado el test de personalidad de Myers-Briggs y me dice: «Soy un ENTJ».* El test ofrece dieciséis casillas y han saltado de cabeza a una de ellas.

A medida que avances en el libro, te irás dando cuenta de que eres mucho más de lo que nunca habías imaginado ser. Las etiquetas son muy limitantes, algo que resulta mucho más fácil de entender cuando son los demás los que nos ponen etiquetas a nosotros.

* Siglas en inglés de «extravertido, intuitivo, pensativo y juicioso». [N. de la T.]

Saltarse la etiqueta

Piensa en la última vez que alguien te etiquetó. ¿Cómo te sentiste?

Dejar ir las etiquetas permite que las personas y las situaciones cambien y se desarrollen. Todo sucede con mucha más facilidad cuando nos saltamos las etiquetas.

Dejar ir el hábito de etiquetarse a uno mismo

Al principio del capítulo, he dado ejemplos de historias negativas y positivas que nos contamos acerca de nosotros mismos. Algunas eran etiquetas, como *ganador*, *perdedor*, *persona de éxito* o *víctima*. Hay muchas otras posibilidades. Elabora una lista con las etiquetas que te has puesto a ti mismo. Quizá sean muchas.

Ahora, deja el lápiz y lee lo que has escrito. Para cada etiqueta, plantéate las preguntas siguientes:

- ¿Puedo estar totalmente seguro de que esto es cierto?
- ¿Gano algo etiquetándome así? En caso afirmativo, ¿qué gano?
- ¿Cuál es el coste de etiquetarme a mí mismo?
- ¿Cuándo he salido perdiendo por hacerlo?

Ahora, imagina que has soltado esa etiqueta. ¿Cómo te sientes?

Dejar ir el hábito de etiquetar a los demás

Elabora una lista de las personas a las que hayas etiquetado de alguna manera, una debajo de la otra, en el lado izquierdo de una hoja de papel. Puedes incluir tanto a personas como a grupos de personas que compartan alguna característica, como la nacionalidad, la raza o el origen social.

Ahora, escribe las etiquetas que has puesto a cada uno de ellos.

Detente y lee lo que has escrito. Pregúntate lo siguiente:

* ¿Puedo estar totalmente seguro de que esto es cierto?
* ¿Gano algo etiquetando así a los demás?
* ¿Cómo se sentirían si supieran que los he etiquetado así?
* ¿Cuál es el coste de etiquetar a estas personas?
* ¿Cuándo he salido perdiendo por hacerlo?

Cuando soltamos las etiquetas, vemos a las personas y las situaciones de otra manera. Las relaciones mejoran y creamos otras nuevas. Nuevas ideas y nuevas oportunidades aparecen ante nosotros.

Evitar etiquetar de irracional a quien no está de acuerdo con nosotros

Cuando tenemos una opinión muy meditada, resulta tentador calificar de irracional a cualquiera que no piense como nosotros. Esto implica una motivación basada en la emoción o en el prejuicio. Es un error muy habitual. Cuando caemos en esta trampa, malinterpretamos situaciones, saltamos a conclusiones y quedamos atrapados en movimientos repetitivos en lugar de avanzar hacia delante.

La primera vez que el ejército estadounidense se topó con terroristas suicidas en Oriente Medio, hubo quien los calificó de irracionales. Obviamente, los terroristas suicidas tenían valores distintos, porque estaban mucho más dispuestos a matar a civiles. También partían de creencias distintas a las de los estadounidenses en relación con los requisitos para poder entrar en el cielo. Sin embargo, visto desde sus propios valores y desde sus propias creencias, los terroristas suicidas estaban siendo racionales. Creían que estaban tomando un atajo al paraíso.

Si evitamos etiquetar a las personas y nos esforzamos más en entender sus valores y sus creencias, entender lo que sucede en realidad es mucho más fácil. Y, entonces, podremos hacer algo al respecto.

Hay muchos motivos por los que los demás pueden estar en desacuerdo con nosotros sin dejar de ser racionales:

- Sus valores son distintos a los nuestros.
- Sus creencias son distintas a las nuestras.
- Sus experiencias son distintas a las nuestras.
- Pueden disponer de información que nosotros desconocemos o que hemos decidido obviar.

En lugar de etiquetar a las personas, es mucho mejor mantener una mente abierta y demostrar curiosidad. Hablaré de ello más adelante.

Dejar ir los juicios

Muchos de nosotros tenemos el hábito de juzgar. Etiquetamos a personas, acontecimientos o experiencias como buenas o malas, pero estas etiquetas mentales no existen físicamente. Tal y como Shakespeare escribió en *Hamlet*, «no hay nada bueno ni malo; el pensamiento lo hace así».

Si juzgamos, sufrimos

La mayoría de nosotros hemos tenido la experiencia de sentirnos frustrados, enfadados o deprimidos al pensar que «las cosas no tendrían que ser así» o que no merecemos lo que nos pasa.

Veamos un ejemplo sencillo. Creemos que en esta época del año tendría que hacer sol, pero llueve, así que decimos que hace mal tiempo. Lo único que podemos decir objetivamente es que llueve. Juzgar el tiempo como malo no nos sirve de nada, excepto para ponernos de mal humor (vivir en un país como el Reino Unido ofrece infinitas oportunidades de aprender esta lección).

Es posible que juzgar el tiempo solo nos cause un malestar leve, pero este mismo principio se aplica a otros juicios. Nos podemos pasar años juzgando a miembros de nuestra familia, a colegas, políticos, grupos nacionales, étnicos, etcétera. Si juzgamos, sufrimos. Es muy difícil hacer nada constructivo cuando estamos frustrados, enfadados o deprimidos.

Juzgar es inútil

La mayoría de nosotros hemos tenido alguna experiencia que hemos calificado de negativa, para luego quedar encantados con el desenlace. Las situaciones desagradables pueden dar lugar a resultados maravillosos. La vida se despliega momento a momento, mientras hacemos juicios inútiles al respecto.

En mi trabajo como seleccionador de ejecutivos, puedo pensar en varios candidatos que no lograron un empleo que realmente querían, pero que luego obtuvieron un éxito monumental en otro sitio. Ahora están agradecidos por el fracaso que permitió que sucediera algo más grande.

Hay una fábula china titulada *El anciano de la frontera pierde un caballo* que se ha repetido y adaptado en múltiples ocasiones en Occidente. Durante la dinastía Han, un anciano llamado Sai Weng vivía cerca de la frontera y, un día, perdió un caballo. Los vecinos lo sintieron por él y le dijeron que había tenido muy mala suerte, pero Sai Weng respondió: «Quizá haber perdido el caballo no haya sido mala suerte».

El caballo regresó al día siguiente, acompañado de una yegua bellísima. Los vecinos afirmaron que había tenido mucha suerte, pero Sai Weng respondió: «Quizá esto no sea buena suerte».

Su hijo mayor adoraba la yegua y la montaba a diario. Un día, un animal salvaje la sobresaltó y lo derribó de la silla. Se rompió la pierna y no pudo caminar. Los vecinos dijeron: «¡Qué mala suerte!», pero el anciano respondió que quizá tampoco había sido tan malo.

Entonces, estalló la guerra y el ejército del emperador recorrió la región fronteriza para reclutar a todos los jóvenes aptos para el combate. Como el hijo de Sai Weng no podía combatir, permitieron que se quedara en el pueblo y siguiera trabajando en la granja, con su padre.

Sai Weng dijo: «Caerse del caballo ha salvado a mi hijo de una muerte casi segura en la guerra, así que al final todo ha salido bien». En China, cuando parece que algo es una mala noticia, la gente acostumbra a decir: «*Sai Weng Shi Ma*», que significa: «El anciano pierde un caballo».

Dejar que los juicios vengan y se vayan sin hablar de ellos
Si estamos presentes, podemos observar cómo los juicios aparecen y desaparecen de la mente. No hace falta que los comentemos con nadie. Tampoco es necesario que nos resistamos a ellos, solo hay que observar cómo vienen y se van. Una vez que se hayan ido, sucederá algo nuevo.

Dejar ir los juicios

Fíjate en lo que sucede a tu alrededor: cómo habla y se comporta la gente, qué tiempo hace, el ritmo al que suceden los acontecimientos, los pensamientos que aparecen en tu mente...

Si regresas al presente una y otra vez, tal y como he descrito en las páginas 36-45, empezarás a tomar conciencia de los juicios a medida que aparezcan: «No tendría que haber dicho eso», «La gente no se debería portar así», «Qué situación más absurda», etcétera.

En lugar de aferrarte a estos pensamientos, limítate a observar cómo vienen y se van. Asegúrate de que no te resistes a ellos, porque con eso solo conseguirás que dejarlos ir te resulte más difícil.

Al cabo de un rato, los juicios se habrán desvanecido. Quizá aparezcan otros. Déjalos ir también.

Dejar ir la necesidad de tener razón

A continuación encontrarás un ejercicio revelador que me gusta usar en los talleres. Pruébalo también con algún amigo o compañero de trabajo. Para empezar, planteo alguna pregunta para generar controversia:

- Los civiles, ¿deberían poder llevar armas?
- ¿Habría que prohibir la inmigración?
- ¿Deberíamos ser vegetarianos todos?
- ¿Se debería prohibir la caza?

Estoy seguro de que puedes pensar otras preguntas capaces de suscitar emociones potentes. El segundo paso consiste en pedir a los participantes que alcen la mano: (a) si están muy a favor; o (b) si están muy en contra. Entonces, los emparejo: uno a favor y otro en contra.

Ahora, el tercer paso. Una persona (el orador) dedica dos o tres minutos a explicar en los términos más contundentes posibles por qué está a favor de la idea (acostumbran a soltar una buena diatriba). El interlocutor ha de escuchar atentamente, sin decir nada. Les pido que se fijen en lo que sucede en el interior de su mente mientras escuchan a la otra persona.

Al cabo de unos cinco minutos, cambian de papel. El orador pasa a escuchar, y viceversa.

Durante el debate posterior, los participantes explican que tenían la mente llena de pensamientos acerca de lo mucho o lo poco que estaban de acuerdo con el argumento que escuchaban. A la mayoría les cuesta escuchar con una mente abierta. Muy al contrario, la mente evalúa sin cesar lo que escucha y aprovecha para formular una respuesta.

Animo a los participantes a dejar ir sus opiniones y a seguir intentándolo. Si lo hacen, normalmente acaban limitándose a escuchar lo que dice el otro.

Si haces el ejercicio con amigos o con compañeros de trabajo, pregúntales qué han notado cuando han escuchado con una mente abierta.

Estas son algunas de las cosas que acostumbran a decir los participantes en mis talleres:

- «Cuando dejo ir mis opiniones, escuchar es mucho más fácil».
- «Recibo información nueva.»
- «Ahora puedo ver el tema desde otro punto de vista.»
- «De repente, me encuentro más cómodo con la otra persona, en lugar de estar tan irritado.»
- «No tengo tanta necesidad de tener razón.»

DEJAR IR LAS CONCLUSIONES

Las conclusiones son muy parecidas a las historias, las etiquetas, los juicios y las opiniones. Vivimos unas cuantas experiencias y extraemos una conclusión de ellas. Pueden ser «los hombres son así», «las mujeres son asá» o «el mundo funciona así». Llegamos a la conclusión de que ciertas cosas funcionan de ciertas maneras.

Observar las tendencias de la conducta humana y del mundo que nos rodea está bien, pero las conclusiones van varios pasos más allá.

La raíz latina del verbo *concluir* significa «cerrar por completo». Cuando llegamos a una conclusión acerca de algo o de alguien, nos cerramos al resto de posibilidades. Entonces, malinterpretamos las situaciones y dejamos pasar oportunidades. Por ejemplo, si llegamos a la conclusión de que las personas de un determinado país, religión o etnia se comportan de una manera concreta, es probable que acabemos tratando a alguien de un modo injusto. También es posible que pasemos por alto una oportunidad de negocio o perdamos la oportunidad de entablar una buena amistad.

Muchos de nosotros tenemos una lista de conclusiones que modelan nuestra vida y, quizá, ni siquiera nos damos cuenta de lo que sucede.

En palabras del psicólogo Carl Jung, «lo que no se hace consciente, se manifiesta en nuestras vidas como destino». Si volvemos al presente una y otra vez, seremos mucho más conscientes de lo que sucede. Y será mucho menos probable que nos dejemos llevar por conclusiones.

Dejar ir las conclusiones

Pon una libreta de espiral apaisada sobre la mesa, de modo que puedas escribir horizontalmente en cuatro páginas. En la esquina superior izquierda de cada una, escribe lo siguiente:

- Los lugares que no te gustan.
- El tipo de gente que no te gusta.
- Las actividades que evitas.
- Las situaciones que evitas.

En la mitad izquierda de cada página, escribe los acontecimientos que te han llevado a esa conclusión, uno debajo de
otro.

Ahora, pregúntate lo siguiente y escribe las respuestas:

* ¿Qué precio pago por esta conclusión?
* ¿Qué me estoy perdiendo de la vida en consecuencia?
* Ahora, vuelve a leer la lista de conclusiones. ¿Cómo te
sentirías si las dejaras ir?

VER LAS COSAS TAL Y COMO SON

Durante varios años, viví de alquiler en un piso en un barrio aco-
modado de Londres; trabajaba en casa la mayor parte del tiempo.
Cuando llegué, lo más normal era ver Porsches aparcados en la
calle. A lo largo de los años, la población local de automóviles se
fue diversificando cada vez más y pasó a incluir Aston Martins,
Ferraris, Lamborghinis y McLarens.

Un día, estaba paseando y vi un Ferrari aparcado. Me detuve
para mirarlo de cerca y me di cuenta de que me asaltaban todo
tipo de pensamientos. No tenían nada que ver con no tener coche
(no me interesan). Tenían que ver con el dinero, o mejor dicho,
con mi falta de liquidez en aquella época. Sentí que me embargaba la frustración y me pregunté si volvería a tener dinero alguna
vez.

Seguí observando el coche cada vez con más atención y sin
moverme. Al cabo de un tiempo, me di cuenta de que estaba

observando un trozo de metal pintado de rojo y unas ruedas de goma negra. También había un escudito amarillo con un caballo negro sobre las patas traseras. Eso era todo.

Entonces, repetí el experimento con otros objetos. Vi a un bebé en un carrito en la acera de enfrente y provocó otra oleada de emociones en mi interior. Vivía solo, mientras que muchos de mis amigos ya estaban casados y tenían hijos. Mientras todos esos pensamientos y emociones iban apareciendo, yo seguía mirando los objetos. Había un niño en un carrito. Nada más.

Ahora te toca a ti...

Ver las cosas tal y como son

Cuando un objeto te llame la atención, míralo atentamente.

¿Ves el objeto por lo que es o estás perdido en pensamientos acerca de otra cosa?

Sigue mirando, cualesquiera que sean los pensamientos que surjan. Al final, se desvanecerán y verás el objeto por lo que es.

En el siguiente capítulo te enseñaré a dejar ir el dolor que causa esos pensamientos y esas emociones.

DEJAR IR LOS «DEBERÍA»

Muchos de nosotros creemos que deberíamos ser esto o lo otro, que deberíamos hacer esto o lo otro, o que deberíamos tener esto o lo otro. Cuando las cosas no salen como pensamos que deberían ser, nos juzgamos y nos sentimos mal. Es posible que ni siquiera nos demos cuenta de que lo estamos haciendo.

Sacudirse los «debería» de encima

Siéntate en un lugar tranquilo y escribe una lista con todas las cosas que crees que deberías ser o que deberías tener. A continuación tienes algunas ideas para empezar:

- Debería haber hecho eso.
- No debería haber hecho eso.
- Debería haber ido a la universidad.
- Debería estar casado.
- Debería tener mi propia casa.
- A estas alturas debería tener mucho dinero.
- Debería estar más en forma.
- Debería pesar x kilos menos.

Tener los «debería» en negro sobre blanco en el papel es un buen punto de partida.

Ahora, examínalos detenidamente uno a uno. ¿De dónde han salido? ¿Quizá alguien dijo algo y se te quedó grabado en la cabeza? ¿Es algo que has tomado de tus amigos o de alguna figura de autoridad?

Si examinas los «debería» detenidamente, empezarán a perder el poder que ejercen sobre ti.

Ahora, levántate, cierra los ojos y sacude el cuerpo, sobre todo las manos y los pies. Sacúdete todos los «debería» de encima.

> Ahora, devuelve la atención al presente. Fíjate en cómo te sientes.
>
> A veces, dejar ir los «debería» requiere tiempo. Sacúdetelos de encima hasta que lo consigas.

DEJAR IR LAS EXPECTATIVAS

Por definición, las expectativas no son la realidad. No son más que pensamientos repetitivos sobre cómo creemos que deberían ser las cosas. Y cuando las personas o las situaciones no satisfacen nuestras expectativas, nos frustramos. Nos resistimos a lo que es y nos enfrentamos a la realidad.

Una tarde, estaba hablando con un amigo que sabía que llevaba un tiempo bloqueado. Me escuchó con atención y, entonces, me preguntó: «¿Qué harías si te trataras bien a ti mismo?». Entonces, desapareció durante unos minutos para ir a buscar otro café.

Era una tarde soleada de principios de septiembre, y me puse a mirar los edificios cercanos. Lo primero que me vino a la mente es que haría más fotografías. Y entonces lo vi: dejaría ir mis expectativas.

Más tarde, ese mismo día, reflexioné sobre los momentos de mi vida en que había tenido pocas expectativas o ninguna. Me habían sucedido cosas emocionantes, con frecuencia de un modo sorprendentemente fluido. Desde entonces, había acumulado todo tipo de expectativas, algunas de las cuales no se habían cumplido. Me di cuenta de que las expectativas me hacían desgraciado, así que decidí dejarlas ir. Me sentí mejor al instante.

Dejar ir las expectativas

En un papel en blanco, escribe una lista con todo lo que esperas que te suceda en la vida.

Ahora, en la otra cara de la hoja, escribe cómo esperas que se comporte la gente. Puedes escribir principios de conducta generales o asignar expectativas concretas a cada persona.

Es posible que el ejercicio te parezca absurdo. Lo es. Por un lado, está la realidad, que cambia y evoluciona constantemente. Por el otro, está la lista de la compra de las expectativas, que la mente ha elaborado y que ahora intenta imponer al mundo. Es posible que las expectativas sean *legítimas* y que se basen en el derecho o en las convenciones sociales, pero no por eso dejan de ser *pensamientos*. La mente y la realidad están en un enfrentamiento constante. Adivina quién tiene las de ganar.

Puedes decir a los demás qué quieres que hagan y, quizá, accedan a ello. Si *no* es así, puedes tomar las medidas que consideres adecuadas. Al mismo tiempo, te recomiendo que dejes ir las expectativas. Si te aferras a ellas, *sufrirás*. Prueba esto:

- Sigue comportándote de la manera habitual en el trabajo y en las relaciones personales. Di a los demás qué quieres que hagan. Si es adecuado, firma contratos con ellos. Diles lo que harás, y hazlo. Pero abandona las expectativas.

- Céntrate en el presente. Observa todo lo que sucede, momento a momento.
- Pasa a la acción cuando creas que es lo conveniente.
- ¿Cómo te sientes? ¿Has percibido alguna diferencia en el modo en que se despliega la vida?

Cuando dejamos ir las expectativas, permitimos que las personas y las situaciones cambien. Si un compañero de trabajo no hace lo que se había comprometido a hacer, se lo puedes decir. Y si sigue sin hacerlo, quizá tengas que buscar a otra persona. No hace falta que te estreses.

En el mundo suceden continuamente cosas que no encajan con nuestras expectativas. Hay quien juzga lo que sucede, se enfada, etiqueta a los demás, etcétera. Mientras, la vida sigue. Si dejamos ir las expectativas y los juicios, podemos mantener la calma y emprender la acción adecuada en el momento adecuado. La intuición te dirá qué has de hacer (como veremos en el capítulo 4).

La importancia de no saber

Nuestra cultura otorga una gran importancia al saber. Acumulamos conocimientos desde que somos muy pequeños y en las escuelas nos someten a exámenes para evaluarnos. Las personas que acumulan grandes cantidades de cultura general son celebradas en los concursos televisivos. Con frecuencia, no saber se entiende como un fracaso, así que hay personas que fingen saber cosas que, en realidad, desconocen.

Es fácil pasar por alto que todo el conocimiento se basa en el pasado. Incluso el lenguaje se basa en el pasado, porque las palabras tienen un significado convencional acordado hace ya mucho tiempo. Si nos aferramos a lo que creemos saber, quizá no nos demos cuenta de lo que sucede ahora.

A veces, incluso intentamos conocer el futuro. Las previsiones económicas y financieras son un buen ejemplo de ello. Una vez, conocí a una analista que trabajaba para un importante banco de inversiones, y que estaba especializada en el sector de las líneas aéreas. Su trabajo consistía en proyectar los beneficios de las líneas aéreas con años de antelación, a partir de varios supuestos sobre el precio del dólar y del petróleo. Cuando hacía poco que había terminado uno de sus informes, el precio del petróleo se desplomó a la mitad. Todo cambió.

Si solo nos vemos como un cuerpo/mente que intenta conseguir lo que quiere, es posible que sintamos la necesidad de acumular tanto conocimiento como nos sea posible, incluso si parte de este no parece muy de fiar. Pensaremos que es nuestra única esperanza para tomar una buena decisión.

Tal y como he dicho en la introducción, el cerebro y el cuerpo forman parte de algo mucho más inteligente. Una vez que nos damos cuenta de ello, la obsesión por el conocimiento comienza a remitir.

En lugar de intentar saberlo todo, analicemos la información de la que disponemos y usemos la intuición, con la que obtendremos resultados mucho mejores. No necesitamos conocer el futuro, lo que necesitamos es conectar con lo que sucede ahora. La meditación nos puede ayudar a conseguirlo.

Según el *Tao Te King*, un texto clásico chino que suele atribuirse al sabio Lao Tse, que vivió en el siglo VI a. C. (véase página 198), «no saber es el verdadero conocimiento. Creer que se sabe es una enfermedad». Aunque admitir que no sabemos algo nos puede parecer una señal de debilidad o una admisión del fracaso, puede conducir a revelaciones importantes. Nos ayuda a dejar ir las ideas y los conceptos antiguos y a explorar con libertad. Nos abrimos a las posibilidades nuevas.

A veces, vale más formular una pregunta y dejarla abierta, que precipitarnos con una conclusión.

DEJAR IR LA NECESIDAD DE EXPLICARLO TODO

Cuando experimentamos algo que no podemos explicar, es fácil caer en la tentación de inventar una explicación. A algunos de mis amigos les pasa con regularidad. He experimentado muchas cosas que la ciencia no puede explicar. Si describo lo que ha sucedido, se apresuran a aportar explicaciones «científicas». Ellos no han vivido la experiencia, pero disponen de una explicación inmediata para mi experiencia. Algunos no necesitamos amigos que inventen explicaciones, nos bastamos y nos sobramos nosotros mismos. Dejamos que la mente se desboque.

Vale más...

MANTENER LA MENTE ABIERTA

Si los seres humanos fuéramos tan racionales como nos gusta creer que somos, nos mantendríamos abiertos a información procedente de todas las fuentes, independientemente de que encaje o no con nuestras creencias. Obviamente, querríamos comprobar que la nueva información es correcta, pero recibirla con la mente abierta nos ayudaría a sobrevivir y a prosperar.

En realidad, muchos de nosotros sufrimos de lo que se conoce como *sesgo de confirmación*: la tendencia a buscar información que confirme nuestras creencias y a pasar por alto o ni siquiera percibir las evidencias que las contradicen, aunque las tengamos delante. El sesgo de confirmación se ha estudiado en profundidad. Mi amiga Susanna Sällström Matthews daba clases en la Universidad de Cambridge y ahora trabaja como economista autónoma. Dice que aún no se conocen del todo los orígenes del sesgo de confirmación: «¿Por qué tenemos un sesgo contra la apertura de mente? ¿Por qué no sentimos curiosidad por las evidencias que contradicen nuestras creencias actuales, si revisarlas nos ofrece el beneficio potencial de modificarlas de modo que encajen mejor en nuestra vida?».

Hay maneras de superar los sesgos y de ser más abiertos. El primer paso consiste en tomar conciencia de nuestro sesgo de confirmación.

Irónicamente, el conocimiento puede intensificar el sesgo si no somos cuidadosos. Cuando adquirimos conocimiento, tendemos a percibir la información congruente con él y a pasar por alto la que lo contradice. Una de las técnicas que Susanna recomienda para superar el sesgo de confirmación es dejar ir los pensamientos acerca de lo que esperamos encontrar en función de nuestros conocimientos.

Otra manera sencilla de empezar a superar el sesgo de confirmación es leer periódicos y sitios web cuya opinión editorial sea distinta a la nuestra.

Muchos de nosotros estamos atrapados en una burbuja
Tenemos la tendencia natural a rodearnos de personas que están de acuerdo con nosotros, tanto en el mundo real como en el virtual. Entonces, es fácil caer en la trampa de creer que la mayoría

de las personas piensan, sienten y se comportan de la misma manera que nuestro círculo inmediato.

Las redes sociales han dado un gran paso más con la creación del «filtro burbuja». El algoritmo de los sitios web determina la información que nos gusta ver a partir de lo que sabe de nosotros (que puede ser mucho). Quiere que volvamos una y otra vez, así que nos muestra la información que cree que nos gustará y evita enseñarnos la que cree que no. En conclusión, la información que vemos en las redes sociales está ajustada a nuestras preferencias y nuestros prejuicios.

Podemos acelerar el proceso eliminando de nuestras amistades a todo el que mantenga opiniones que no nos gustan. Al cabo de un tiempo, apenas veremos información que entre en conflicto con lo que creemos. Tal y como dijo un amigo mío después del sorprendente resultado de un referéndum: «¿Cómo es posible? ¡Si no conozco a nadie que haya votado eso!».

Escapar de la burbuja nos ayuda a detectar nuevas oportunidades
Cuando terminé en la escuela de negocios, trabajé durante tres meses en Mercury Asset Management, que era la empresa independiente de gestión de fondos de inversión más grande de Europa. Me fijé en que algunos de los gestores de fondos que tenían más éxito leían tabloides, la prensa barata y popular cuya circulación es muy superior a la de la prensa «seria». Leer los tabloides ayudaba a los gestores a averiguar qué pensaban las personas que estaban fuera de su burbuja. Les permitía entender mejor lo que sucedía en el mundo e intuir lo que era más probable que ocurriese a continuación.

Mirar fuera de la burbuja

- Compra un periódico o visita un sitio web de noticias que no suelas consultar. Te aconsejo que elijas uno dirigido a un público con un perfil social distinto al tuyo.
- Cuando conozcas a alguien con una opinión distinta a la tuya, hazle muchas preguntas. Deja ir tus opiniones y escucha. Aprende tanto como puedas acerca de lo que dice y de su manera de entender las cosas.
- Visita una parte de la ciudad o de la región que no hayas visitado nunca (asegúrate antes de que hacerlo sea seguro). Pasea. Observa y escucha. Habla con la gente.
- Viaja en transporte público siempre que puedas. Guarda el móvil. Mantente presente y presta atención a todo lo que te rodea.
- Cambiar algunas costumbres te ayudará a ver la imagen general. Quizá descubras que tienes ideas nuevas y veas oportunidades que permanecían ocultas hasta ahora.

DEJAR IR LAS TEORÍAS DE LA CONSPIRACIÓN

Hay quien adora las teorías de la conspiración. La mente urde una historia acerca de lo que sucede y, entonces, se emociona a medida que recaba datos nuevos que, aparentemente, encajan en ella. Básicamente, es el sesgo de confirmación con otro sombrero.

Si lo hacemos, es muy probable que bloqueemos toda la información que no encaje con nuestra historia. No veremos las cosas como son y, quizá, tomemos decisiones que luego lamentaremos. Si de verdad queremos entender qué sucede, lo mejor que podemos hacer es dejar ir nuestras teorías, incluidas las de la conspiración. Observemos y escuchemos con la mente abierta.

No aferrarse a los planes: permitir que vengan y se vayan

Hay planes que tienen su utilidad. Por ejemplo:

- Los planes de negocio.
- Unas vacaciones.
- La planificación familiar.
- El plan de evacuación de un edificio en caso de incendio.

Son actividades sensatas y sus beneficios son evidentes. Sin embargo, algunos de nosotros nos preocupamos tanto por el futuro que intentamos planearlo todo.

Conviene que tengamos un propósito claro, pero hemos de mantener la mente abierta acerca de cómo lo vamos a hacer realidad. Podemos empezar con un plan inicial, que luego iremos adaptando con rapidez a medida que las circunstancias cambien. Los emprendedores de éxito acostumbran a tener una visión del tipo de empresa que quieren construir. Empiezan con un plan, que actualizan en respuesta a los cambios en la economía, la tecnología y las necesidades de sus clientes. Quizá vendan o cierren una empresa y abran otra. En ocasiones, cambian por completo el funcionamiento de la compañía. Hay comercios convencionales que han cerrado todas las tiendas y ahora solo venden en línea. Y algunos que empezaron en línea han empezado a abrir tiendas físicas.

Los planes profesionales pueden ser muy limitantes. Cuanto más los dejamos ir, más descubrimos nuestros talentos. Y más nos descubren los demás. Mientras, la economía cambia con rapidez. Tecnologías como la inteligencia artificial desempeñarán tareas que antes eran exclusivas de seres humanos en profesiones muy cualificadas.

A veces, conozco a personas que mantienen ideas fijas acerca de lo que harán y de cómo piensan hacerlo. Cuando nos aferramos a nuestros planes de esta manera, muchas veces impedimos (o ralentizamos) algo mucho más grande y emocionante que intenta suceder en nuestra vida.

Los planes no tienen nada de malo, pero causan problemas cuando nos aferramos a ellos. Intentamos manipular a los demás y las situaciones para hacer que los planes sucedan. Es mejor dejarlos ir. El cerebro forma parte de algo mucho más inteligente. Las cosas más maravillosas suceden de las maneras más inesperadas si somos constantes y dejamos que las piezas encajen por sí solas.

Lo que decidimos no hacer puede suceder de todas maneras
La biblioteca de la Universidad de Cambridge alberga varios millones de libros. La primera vez que entré, como alumno, me sentí completamente abrumado. Me pareció que escribir libros no tenía sentido, así que decidí no hacerlo. Tienes entre manos el quinto libro que he escrito y el tercero que se ha publicado comercialmente. ¿Qué pasó?

La respuesta breve es que no dejaba de conocer a personas que tenían problemas parecidos y a las que intentaba ayudar tan bien como sabía. Entonces, empecé a escribir para ahorrar tiempo y para poder ayudar a más gente y con más rapidez. Las ideas para libros se sucedían. Mientras escribía, siempre tuve suficiente trabajo para pagar las facturas y suficiente tiempo libre para terminar el siguiente libro. No lo planeé. Sucedió.

LA GRATITUD NOS AYUDA A FLUIR CON LA VIDA

La mayoría de nosotros tenemos hábitos mentales que contribuyen a mantenernos bloqueados. Uno de ellos es, por ejemplo, el hábito de quejarnos. Podemos empezar a librarnos de él buscando cosas por las que estar agradecidos.

En lugar de preocuparnos por lo que va a suceder o por lo que ya ha sucedido, es mejor dar las gracias por lo que está sucediendo (usaré indistintamente los verbos *agradecer* y *valorar*).

La novia que tuve en la universidad era de América Latina. Había crecido durante un conflicto en el que desaparecieron decenas de miles de personas, entre ellas amigos de su hermana. Durante un tiempo, la llevaron al colegio en coche, cada día siguiendo una ruta distinta y con armas de fuego escondidas bajo una manta en el asiento de atrás.

Cuando conocí a sus padres, me sorprendió lo mucho que valoraban todas las cosas, ya fuera un narciso o un lugar que visitaban. Al principio, me pareció que era una forma de evadir la realidad. Seguro que habían visto la pobreza y el conflicto en su país natal, en América Latina. Yo había crecido en plena depresión económica y social, narrada por Radio 4 todas las mañanas, a la hora del desayuno, pero ninguno de mis amigos había sido secuestrado ni asesinado.

Años después, empecé a entender lo potente que era la actitud de sus padres. Tanto si lo hacían conscientemente como si no, valoraban todas las situaciones en que se encontraban. Todo lo demás pasaba a un segundo plano. Se habían casado cuando eran muy jóvenes y él había llegado a presidir una gran empresa, en la que comenzó a trabajar desde abajo. Ahora tenían hijos y nietos. Dar las gracias les había ido bien.

Si pensamos en personas a las que conocemos bien, quizá nos demos cuenta de que algunas se muestran continuamente agradecidas por lo que les sucede, mientras que otras se centran en lo que creen que les falta. Hay personas que fluyen con la vida y personas que se enfrentan a ella. ¿Qué prefieres tú?

Cuando tenía veinte años, acostumbraba a centrarme en lo que no me gustaba de una persona o de una situación concretas. Entonces conocí a gente que se centraba en lo que sí le gustaba.

Practicar la gratitud

Antes de acostarte, coge lápiz y papel y escribe todo por lo que puedes dar las gracias hoy. Excluye aquello que haya sucedido antes de hoy o lo que pueda suceder a partir de mañana. Este ejercicio es puramente acerca de hoy. A continuación tienes algunos ejemplos:

- Lo que has comido para almorzar o para cenar.
- La reacción positiva de alguien ante el trabajo que le has presentado.
- Una conversación con un amigo.
- El tiempo.
- Dinero que has recibido.
- El proyecto o proyectos en los que estés trabajando.
- Una experiencia nueva que hayas tenido hoy.
- Algo que hayas aprendido.

- Algo que hayas creado.
- Algo que te ha hecho reír.
- Algo interesante que has visto en la televisión o has leído en el periódico.

Cuando hayas terminado, acuéstate. Fíjate en cómo te sientes.

Fíjate en cómo te sientes cuando te despiertes por la mañana.

Cuando empecé a hacer el ejercicio, me di cuenta de que me sentía muy bien antes de acostarme. Solía despertarme por la mañana sintiendo cierto desánimo, pero ahora también me encontraba mejor al despertar. Mi actitud hacia las cosas iba cambiando gradualmente.

Este ejercicio se basa en hechos, en cosas que han pasado. Lo único que hacemos es cambiar en qué centramos la atención. Una vez que lo hacemos, nos encontramos mejor y nuestra vida empieza a cambiar.

Cuando aprendí el ejercicio, empecé a experimentar con mis amigos, como siempre suelo hacer. Un día, almorcé con una buena amiga que tenía el hábito de quejarse, lo que, con frecuencia, me dejaba con un estado de ánimo negativo.

Cuando me preguntó por mis novedades, le hablé de mis últimos experimentos, incluido el ejercicio de gratitud. Le expliqué cómo funcionaba, salimos a pasear y acabamos en un mercadillo. Compró una libreta en uno de los puestos, pero no le di mayor importancia.

Dos días después, me envió un correo electrónico con un tono mucho más positivo de lo habitual. El ejercicio de gratitud había empezado a surtir efecto. Desde entonces, se queja mucho menos y demuestra más sentido del humor. Nunca he visto a nadie cambiar con tal rapidez.

Hay personas que hacen el ejercicio justo antes de acostarse y lo repiten justo antes de levantarse. Ambos son buenos momentos, porque la mente está relativamente serena y eso hace que sea más fácil dejar ir los hábitos mentales. Te recomiendo que hagas el ejercicio durante un mínimo de veintiún días. Te empezarás a dar cuenta de que te sientes agradecido a intervalos frecuentes.

No cuentes tus bendiciones
A muchos de nosotros nos han enseñado a «contar nuestras bendiciones», pero entonces empezamos a pensar que lo que hemos acumulado es «nuestro». Nos aferramos a ello y tememos perderlo. Quizá te preguntes cuál es la diferencia entre dar las gracias y contar las bendiciones. Básicamente:

- La gratitud sucede en el momento. Disfrutamos de una experiencia y la dejamos ir.
- Cuando contamos nuestras bendiciones, etiquetamos algo como «nuestro». Puede ser una persona, un objeto, nuestra reputación, dinero...

Es mejor disfrutar de las experiencias, dar las gracias por ellas y dejarlas ir. Por ejemplo, quizá tenemos una casa bonita en un buen barrio, una familia que nos quiere y mucho dinero. Todo podría desaparecer mañana. Es mejor dar las gracias por cada experiencia en el momento. Puede ser la sonrisa de un niño o un café en el jardín una tarde soleada. Disfruta de cada experiencia y déjala ir.

B. K. S. Iyengar fundó el estilo de yoga conocido como yoga Iyengar. En su libro *Luz sobre la vida*,* escribió que «la actitud correcta hacia nuestras "posesiones" no es la propiedad, sino la gratitud».

A continuación encontrarás un ejercicio extraído de la tradición zen.

Imaginar que renunciamos a todo

- Cuando te despiertes, quédate en la cama unos minutos más.
- Piensa en tus posesiones e imagina que renuncias a todas ellas, una a una, empezando por las que más valoras.
- Cuando hayas renunciado a todo mentalmente, levántate y sigue con tu jornada habitual.
- Hazlo durante varios días seguidos.
- ¿Qué sientes?

Cuando hice este ejercicio, muy pronto me sentí más ligero y más relajado. También me sentía agradecido por los objetos físicos cuando los usaba, pero no tan apegado a ellos. Seguía siendo consciente del dinero que tenía, pero ya no sentía que me definiera.

Somos mucho más que lo que podemos llegar a poseer jamás.

* Barcelona, Kairós, 2007.

Valorar lo que sucede y dejarlo ir
Cuando expresamos agradecimiento de forma consciente una o dos veces al día, la gratitud se extiende al resto de nuestras vidas. Empezamos a valorarlo todo. Prueba esto...

Dar las gracias en el momento presente

Fíjate en la temperatura de la habitación donde estás. Fíjate en la sensación del suelo bajo los pies cuando caminas. Fíjate en los sonidos, en los colores y en las texturas. Presta atención a qué dice la gente y a cómo lo dice.

Da las gracias por el aire que entra y sale de tu cuerpo. Fíjate en el tiempo que hace y en la temperatura de la brisa sobre la piel. Da las gracias.

Da las gracias por la comida que comes, por las personas con las que te reúnes, por las ideas que compartes y por el trabajo que haces (si ahora no trabajas, puedes dar las gracias por la oportunidad de reflexionar, conocer a gente nueva y probar cosas diferentes). Da las gracias por todo el dinero que recibas.

Si llegas tarde, presta atención a qué sientes al respecto. Fíjate en las sensaciones corporales, que pueden incluir tensión o irritación. Da las gracias por la oportunidad de observar lo que sucede en tu mente, en tu cuerpo y a tu alrededor. Da las gracias por las lecciones que aprendes.

Durante una época, sentí que me costaba dejar de pensar en lo que me faltaba en la vida y empezar a valorar lo que ya sucedía. Así que recurrí a un truco para acelerar el proceso.

Escribí: «¡DA LAS GRACIAS!» en grandes letras mayúsculas con tinta negra en notas adhesivas fluorescentes. Entonces, las pegué en varios sitios, como el escritorio, el espejo del cuarto de baño o la puerta del frigorífico.

Si perseveras en dar las gracias, te empezarás a sentir diferente. La gratitud nos aligera. Puedes dar las gracias incluso si las cosas no van como desearías. La vida te empuja a dejar ir y te sentirás mucho más pleno. En palabras de Swamiji, «todo es propicio».

Los demás nos pueden ayudar a ver las cosas de otra manera
Una amiga mía creció en un país destrozado por la guerra. Cuando llegó al Reino Unido, se fijó en que la gente se quejaba de que los trenes estaban sucios y llegaban con retraso. Ella daba las gracias porque hubiera trenes.

El agradecimiento mejora las relaciones
Muchos hemos intentado cambiar a los demás. No funciona. Cuando nos fijamos en lo que no nos gusta, lo más habitual es que lo recibamos en mayores cantidades. Por el contrario, centrarnos en lo que nos gusta de los demás puede transformar por completo la relación.

No me refiero a la adulación. Me refiero a fijarnos en lo que nos gusta de otras personas y centrarnos en eso. Así las ayudaremos a sentirse mejor consigo mismas y a prosperar.

Da las gracias por el talento, la inteligencia, la energía y la capacidad de esfuerzo
Es posible que creas que te has «ganado» lo que tienes con tu inteligencia y con tu esfuerzo. Es posible que también creas que tienes talento, pero ¿de dónde viene? ¿Acaso no te han sido con-

cedidos el talento, la inteligencia y la capacidad de esfuerzo? En realidad, nos lo han concedido todo, así que podemos dar las gracias por ello.

La gratitud nos pone en sintonía con la existencia
Cuando damos las gracias, sintonizamos con todos y con todo. Las cosas suceden con mucha más facilidad. Todo esto irá quedando claro en los capítulos siguientes.

RESUMEN

- Los pensamientos sobre el pasado y las preocupaciones por el futuro nos pueden bloquear e impedir que las cosas sucedan.
- Podemos dejarlos ir y crear espacio para que sucedan cosas nuevas.
- Deja ir las comparaciones y los pensamientos acerca del pasado. Céntrate en lo que está sucediendo ahora.
- Deja ir tus historias. A veces, se desvanecen si las observas con atención.
- Estudia las etiquetas que te has puesto a ti mismo y a los demás. ¿Son correctas absolutamente siempre? ¿Qué precio estás pagando por esas etiquetas?
- Suelta los juicios.
- Escucha puntos de vista nuevos. Deja ir la necesidad de tener razón.
- Haz una lista con las cosas que crees que deberías ser, hacer o tener. Observa cada una de ellas con detenimiento, ¿de dónde han salido? Ahora, levántate, cierra los ojos y sacúdete de encima todos esos «debería».
- Las expectativas en relación contigo mismo y con los demás solo son pensamientos. Déjalas ir. Mantente en el presente y observa.
- Sigue tu intuición. Pasa a la acción cuando sea necesario.
- Suelta la necesidad de saberlo y explicarlo todo. Mantén la mente abierta.

- Lee periódicos y visita sitios web que normalmente no consultarías. Haz preguntas a personas que mantengan opiniones distintas a las tuyas. Ve a sitios nuevos y presta atención a todo lo que te rodea.
- No te aferres a los planes, permite que vengan y vayan.
- La gratitud te pondrá en sintonía con la existencia.
- Practica la gratitud antes de acostarte. Escribe todo aquello por lo que das las gracias hoy.
- Presta atención y valora todo lo que te rodea.
- Fijarte en las cosas que te gustan de los demás transformará las relaciones que mantienes con ellos.

CAPÍTULO 3

Dejar ir el dolor
que dirige nuestras vidas

Hemos llegado al segundo de los tres pasos del proceso:

1. Dejar ir los pensamientos.
2. Dejar ir el dolor.
3. Dejarse ir completamente.

En el capítulo anterior, he hablado de observar los pensamientos y de cómo dejarlos ir. Ahora ha llegado el momento de profundizar y de pensar en el dolor que contribuye a perpetuar el torrente de pensamientos negativos.

Intentamos evitar sentirnos mal

De vez en cuando, nos sentimos mal por algo que ha sucedido o nos angustiamos pensando en algo que podría suceder (o no). Por ejemplo:

- Alguien muy cercano a nosotros tiene una enfermedad grave y podría morir.

- No tenemos trabajo, o dinero, o ninguna de las dos cosas.
- Tenemos miedo de que suceda algo malo.
- Hace mucho tiempo que deseamos que suceda algo, pero aún no ha pasado.
- Ha ocurrido algo que no queríamos que sucediera.

Cuando nos sentimos mal, muchos intentamos evitar la emoción negativa adoptando una o más de las estrategias siguientes:

- Reprimimos la emoción e intentamos centrarnos en algo positivo. No suele funcionar demasiado bien y nos seguimos sintiendo mal a intervalos frecuentes.
- Nos intentamos evadir de la emoción haciendo muchas cosas. Puede parecer efectivo durante un tiempo, sobre todo si la acción está dirigida a lo que percibimos como el origen del problema. Nos decimos: «Al menos estoy haciendo algo al respecto», pero interiormente todavía nos sentimos mal. Los demás perciben nuestras emociones negativas, así que no conseguimos demasiado con nuestras acciones.

EL DOLOR DEL PASADO

Permitimos que el dolor del pasado dirija nuestra vida
Las emociones y los pensamientos negativos varían de una persona a otra, porque, de la primera infancia en adelante, acumulamos nuestro conjunto particular de experiencias dolorosas, de las que extraemos conclusiones negativas acerca de nosotros mismos, de los demás y de la vida en general.

Si seguimos llegando a las mismas conclusiones, estas pueden llegar a convertirse en pautas cognitivas inconscientes que toman las riendas de nuestra vida, con resultados negativos.

El dolor del pasado siempre reaparece
Todos tenemos experiencias dolorosas a partir de la primera infancia. El dolor reaparece en los momentos más inoportunos. Es como intentar mantener un balón de fútbol bajo el agua. Si se nos escapa, asciende con fuerza a la superficie y sale del agua.

Probablemente, hayas tenido la experiencia de estar hablando con alguien de algo relativamente anodino cuando, de repente, ha reaccionado de forma desproporcionada. Has dicho algo que ha reactivado un dolor del pasado y lo ha hecho ascender a la superficie.

A algunos nos gusta centrarnos en lo que consideramos los aspectos positivos de nuestras vidas. Vemos la botella medio llena y no nos regodeamos en lo negativo. Por positivos que seamos, las experiencias negativas que reprimimos reaparecerán antes o después. Quizá sea una sensación de que las cosas no van del todo bien o quizá sea algo más dramático que nos hace estallar de ira o nos hunde en la depresión.

Ha llegado el momento de volver al pasado
Si queremos eliminar el dolor que dirige nuestras vidas, tenemos que examinar con atención nuestro pasado, porque el cuerpo puede almacenar el dolor (acostumbro a pedir a la gente que piense en el acontecimiento más traumático que haya vivido, sin decirme de qué se trata; en el 99 % de los casos, pueden ubicar el dolor en una zona del cuerpo).

Es muy probable que ya tengas cierta experiencia dejando ir el dolor; por ejemplo, tras la muerte de un ser querido o el final de una relación. Te daré un ejemplo personal.

Desde que mi padre falleció, tengo en el comedor una foto-grafía que le hicieron un par de meses antes, en un día soleado, en el huerto al final de su jardín. Está sentado en su silla de rue-das y yo estoy cogiendo manzanas y pasándoselas. A pesar de su esclerosis múltiple, está haciendo el ganso. En una mano sostiene un aparato casero para coger manzanas: un palo con la mitad superior de una botella de plástico pegada al final. Está hablando por él mientras, con la otra mano, se lleva una manzana a la oreja, simulando hablar por un teléfono antiguo.

Durante las primeras semanas después de su fallecimiento, rompía a llorar casi siempre que veía la fotografía. En programa-ción neurolingüística (PNL) lo llaman *ancla*: un estímulo externo (en este caso, la fotografía) que activa una respuesta interna. Como sabía que las anclas se debilitan y en ocasiones desapare-cen del todo, mantuve la fotografía en el comedor y la seguí mi-rando varias veces al día. Me di permiso para sentir el dolor, que poco a poco fue perdiendo intensidad. De eso hace ya varios años. Ahora, cuando miro la fotografía, la mayoría de las veces siento felicidad. Doy las gracias por mi padre y por el tiempo que pasamos juntos.

¿Crees que, si se da la ocasión, aceptarás las emociones nega-tivas y las dejarás ir gradualmente? No hay respuestas correctas o incorrectas, pero te irá bien saber cuál es tu punto de partida.

Cómo dejar ir el dolor del pasado
He asistido a varios de los programas que Swamiji celebra en su *áshram* y en otros lugares de la India. Allí, habla de los *patrones de dolor*, que son impresiones mentales o improntas psicológicas. Los patrones de dolor modelan nuestras vidas incluso cuando ni siquiera somos conscientes de ellos.

Otra manera de aludir a esos patrones de dolor es hablar de

incompleciones, a las que define como «incidentes, recuerdos y cogniciones erróneas del pasado que ocupan el presente y afectan al futuro».

Las incompleciones nos hacen sentir indefensos. Todas se basan en emociones reprimidas que dirigen nuestras vidas durante décadas, a no ser que emprendamos acciones específicas para librarnos de ellas. A continuación encontrarás un par de ejemplos.

- Una maestra pregunta algo en una clase de niños de cinco años. Una niña alza la mano y responde, pero se equivoca. Todos sus compañeros se ríen de ella y se siente avergonzada.
- Avancemos veinte años. Esa niña es una mujer de negocios de veinticinco años que tiene mucho éxito profesional, pero también mucho miedo a hablar en público. Cada vez que le piden que haga una presentación ante un grupo de personas, la asaltan los pensamientos negativos: «¿Y si lo hago mal?», «Se reirán de mí», etcétera. Evita hablar en público siempre que puede y su carrera profesional se está resintiendo. Una experiencia a los cinco años de edad ha creado un patrón de dolor que sigue dirigiendo su vida veinte años después.
- Un niño de cuatro años visita por primera vez la ciudad de Nueva York, acompañado de sus padres. Están caminando por el andén, el tren llega a la estación y baja de velocidad cuando pasa junto a ellos. De repente, la gente empieza a gritar un poco más adelante. Alguien se ha suicidado saltando a la vía delante del tren. El niño no puede ver qué sucede, pero los adultos que lo rodean lo empujan de un lado a otro, o bien para acercarse al incidente o bien para alejarse. La policía aparece. El niño tiene miedo a ser aplas-

tado por la multitud. El incidente deja una huella tan potente que el niño, ahora un hombre de treinta años de edad, todavía evita viajar en tren. Cuando se encuentra rodeado de mucha gente, empieza a sentir pánico.

La técnica que Swamiji enseña para dejar ir los patrones de dolor se llama *compleción*.

Nota: si los ejercicios del libro despiertan recuerdos que te resultan demasiado dolorosos para poder afrontarlos solo, busca ayuda profesional, ya sea a través de tu médico de familia o de un psicólogo.

COMPLECIÓN

Compleción: revivir para reparar

El primer paso, y también el más importante, es que decidas dejar ir los patrones de dolor que te retienen. A continuación, haz una lista con los incidentes que te hayan causado dolor en el pasado. Pueden haber ocurrido en cualquier ámbito de tu vida y en cualquier momento, a partir de la primera infancia.

Siéntate delante de un espejo. Mírate a los ojos para conectar contigo mismo. Revive cada incidente (un mínimo de cinco veces) hablando de ello a la persona que ves en el espejo. La técnica se llama *revivir para reparar*. Completa cada incidente a lo largo de veinte minutos.

Fíjate en que no te he pedido que recuerdes el incidente, sino que lo revivas. Si te sucedió algo doloroso cuando tenías cinco años, vuelve a tener cinco años y mira las cosas como las veías cuando tenías esa edad, no como las ves ahora. El objetivo es que experimentes las cosas como lo hiciste cuando tenías cinco años y que permitas que todas las emociones suban a la superficie.

Si no tienes un espejo cerca, cierra los ojos, mira hacia tu interior y revive la experiencia.

Esto es lo que dice Swamiji al respecto: «Cuando revivimos intensamente la situación que dio lugar a una incompleción, la intensidad del foco de la consciencia nos ayuda a repararla. Revive cada sufrimiento y cada ahogo que te lleve a pensar que aún no estás completo y que no puedes manifestar la vida que quieres».

Esto es lo que dije yo cuando hice el ejercicio:

Tengo cinco años y mi madre me lleva a clase. Es el primer día en una escuela nueva y en una ciudad nueva. Cruzamos la puerta cogidos de la mano. El sol brilla y hay muchísimo cemento: el camino y un patio enorme, con muchos niños gritando y chillando. Ahora estoy en el aula y una maestra se dirige a nosotros, un numeroso grupo de niños y niñas. Nos explica que saldremos del aula y nos sentaremos en el césped, fuera. Dice «aula» y «césped» de un modo distinto a como lo decimos en casa. Los otros niños, también. Digo algo y uno de los niños me insulta. Me pongo muy triste. ¿Por qué se ríen de mí?

La primera vez que lo intenté, me sentí bastante raro sentado en un *áshram* en la India, hablando solo. Sin embargo, muy pronto me di cuenta de que funcionaba, lo que me inspiró a continuar. Cuando hube revivido cada experiencia negativa cinco o seis veces, me di cuenta de que las historias me empezaban a aburrir y perdían el poder que tenían sobre mí. Algunos de los recuerdos más dolorosos necesitaron varias sesiones a lo largo de varios días, pero poco a poco me fueron molestando cada vez menos.

Usar la compleción para dejar ir el miedo
La mayoría de nosotros le tenemos miedo a algo, ya sea a las arañas, a la mala salud o a perder el trabajo. Algunos miedos son racionales y nos ayudan a sobrevivir, pero en muchos casos han surgido de experiencias negativas que, quizá, no se repitan jamás.

Una vez que identificamos las experiencias negativas, podemos eliminar los patrones de dolor a que han dado lugar. Entonces, podemos dejar de preocuparnos por el futuro y vivir la vida plenamente. Así es como mi amiga Halle superó su miedo a volar:

> Volaba de vuelta a Londres después de haber visitado a mi madre en Estados Unidos, cuando me di cuenta de que los seis miligramos de melatonina que había tomado no me habían hecho efecto. Estaba completamente despierta, escuchando los motores durante un vuelo que iba a durar siete horas. También había turbulencias y sentí un nudo en el estómago. Conocía el ejercicio de compleción y decidí probarlo. Ya era hora de enfrentarme a la fobia a las alturas y a los aviones. Me acompañaban desde que tengo recuerdo. Los parques de atracciones no eran una opción para mí.
>
> Cuando empecé con el ejercicio, no tuve dificultades para ubicar el origen del dolor. Era un dolor en la boca del estómago que me producía náuseas. Mientras me daba permiso para sentirlo, recordé

un episodio doloroso de cuando era pequeña. Había un edificio que mi madre decía que era un verdadero peligro y una amiga mía que no le gustaba, porque decía que estaba demasiado mimada y era desobediente. A mi amiga siempre se le ocurrían ideas arriesgadas mientras jugábamos. Subíamos al tejado del edificio ruinoso en cuestión, que tenía seis plantas de altura. El tejado tenía forma de pendiente de esquí, con una pieza plana al final, seguida de una caída de seis pisos. Escalábamos la pendiente y luego nos tirábamos por ella, como si fuera un tobogán, hasta la parte plana. Si nos hubiéramos tirado con demasiada fuerza, habríamos muerto.

Lo hicimos un par de veces y yo sabía que jugar allí era demasiado peligroso, por lo que nunca se lo mencioné a mis padres. Me sentía culpable. Al mismo tiempo, no quería perder a mi amiga. Su familia se mudó y no la vi más, lo que fue un alivio. La vida de ambas podría haber acabado en tragedia.

Durante el ejercicio, me di cuenta de que ese era el origen de mis fobias. Las dos estaban muy conectadas y sentí que me quitaba un peso enorme de encima. La primera vez que intenté revivir el episodio me resultó tan doloroso que empecé a temblar. A la tercera, ya me resultó más fácil.

Al quinto intento, sentí de nuevo que me liberaba de un gran peso. Me sentí como un pájaro que volvía a volar después de haberse curado un ala rota. Luego volví a rememorar el incidente, pero ya no sentí dolor alguno.

Unas semanas después, Halle voló de Noruega a Estados Unidos haciendo escala en Londres. Durante el viaje no sintió dolor ni miedo, ni al ir ni al volver. En el vuelo nocturno de regreso a Londres durmió bien por primera vez en años.

¿Qué hay de ti? ¿Qué te asusta hoy como consecuencia de algo que sucedió hace años?

Puedes aplicar esta técnica a cualquier miedo. Por ejemplo,

muchos tenemos miedo al rechazo. Puedes hacer lo siguiente para dejarlo ir.

1. Mira hacia dentro. Localiza el dolor en el cuerpo.
2. Retrocede tanto como puedas, hasta la primera vez que te sentiste rechazado. Quizá fuera en tu primera infancia.
3. Ahora, vuelve a tener esa edad. Revive la experiencia de principio a fin. Deja espacio para sentir en tu interior todo lo que surja: emociones, pensamientos, imágenes, olores, ansiedad, sensaciones, malestar, agitación, dolor, indefensión...
4. Hazlo varias veces y, si lo prefieres, a lo largo de distintas sesiones.

Si persistes, el miedo al rechazo disminuirá y empezará a perder el poder que tiene sobre ti. Es posible que incluso te cueste recordar qué te preocupaba tanto.

Practicar la compleción

En un papel en blanco, escribe una descripción de todo lo que te asusta.

Retrocede en el tiempo e identifica el incidente original que te ha conducido a cada uno de los miedos.

Usa el ejercicio de compleción para revivir cada una de las experiencias hasta que pierdan el poder que ejercen sobre ti (quizás necesites varias sesiones).

Los patrones de dolor empiezan muy al principio de la vida
Normalmente, podemos conectar el dolor que dirige nuestras vidas en el presente con una experiencia concreta de la primera infancia. En mi caso, lo vi con claridad, de repente, mientras asistía desde mi casa en Londres a un webinario gratuito que Swami-ji dio desde la India. Esto es lo que pasó.

Mis padres son del sur de Inglaterra, donde también nací yo. Cuando tenía cuatro años, nos trasladamos de Hertford a Leicester (ahora famoso por el hallazgo del esqueleto del rey Ricardo III detrás de un aparcamiento), unas dos horas en coche hacia el norte.

Aunque no nos habíamos ido demasiado lejos, el acento local era distinto y me sorprendió mucho ese primer día de clase, cuando tenía cinco años. Como era de esperar, yo hablaba con el mismo acento que mis padres.

En aquella época, la mayoría de los presentadores de la BBC hablaban como yo. Sin embargo, la mayoría de mis compañeros de clase tenían acento de Leicester y se burlaban de mí. Sé que puede sonar absurdo, pero a los cinco años elegí mi acento. Tras ver el rechazo que sufría en la escuela, decidí seguir hablando como mis padres y como la gente de la BBC. Entonces, me sentí «inaceptable».

Esta sensación perduró durante décadas. Cada vez que me incorporaba a un grupo de personas nuevo, sentía que me quedaba algo al margen. «Soy inaceptable» era la pauta de dolor que me dominaba.

Hay un espacio entre la imagen interior y
la imagen exterior
En mi libro anterior, *Brand You [Sé tu propia marca]*, escrito junto con David Royston-Lee, afirmábamos que la marca personal

ha de ser como un rascacielos: ha de ser visible a kilómetros de distancia. Muchos presentamos un exterior reluciente al mundo, pero, por dentro, el edificio no reluce en absoluto. Imagina que el edificio tiene un vestíbulo y que, allí, crece una mala hierba enorme que impide que pase la luz. Esa mala hierba es una buena analogía para el patrón de dolor que tejimos en la infancia. Da lugar a la *imagen interior*, que es el modo en que nos vemos a nosotros mismos.

El espacio entre mi imagen interior y mi imagen exterior se me hizo evidente durante mi primera visita al *áshram* de Swamiji. En el curso participábamos cincuenta y cuatro personas y nos pidió que identificáramos nuestra imagen interior (o autoimagen) y nuestra imagen exterior, que es la que mostramos a los demás.

La experiencia de ser rechazado por mis compañeros de cinco años de edad me había dejado con la sensación de que era inaceptable. Esa era mi imagen interior. Identificar mi imagen exterior me resultó muy fácil: «Soy inteligente y simpático». Durante las dos horas siguientes, los cincuenta y cuatro asistentes recorrimos la sala, para presentarnos los unos a los otros. Yo me presentaba del siguiente modo: «Me llamo John. Soy inaceptable, pero para ti soy inteligente y simpático». Decírselo a una persona tras otra subrayó la incongruencia entre cómo me veía yo y cómo quería que me vieran los demás (por supuesto, a lo largo de mi vida había conocido a personas que habían visto más allá de la imagen exterior, hasta alcanzar la interior, y se habían dado cuenta de que no me aceptaba tal y como era). Comprendí que esa historia llevaba décadas modelando mi vida.

Empezar a descubrir la imagen interior

Espero que mi ejemplo te haya demostrado cómo la imagen interior (basada en un dolor del pasado lejano) puede modelar tu vida. Tu imagen interior consiste en lo que piensas y en lo que sientes acerca de ti mismo. Son las historias que te cuentas acerca de *ti*.

La mayoría de nosotros no somos plenamente conscientes de lo que sucede. En el capítulo 2 (página 68) te he pedido que escribieras la respuesta a varias preguntas, entre ellas:

- ¿Qué historia te cuentas acerca de ti mismo?
- ¿Qué creencias sustentan tu historia?

Las respuestas que hayas dado a esas dos preguntas serán una gran ayuda a la hora de descubrir tu imagen interior.

Siéntate a solas, con un lápiz y un papel en blanco. Escribe lo que piensas y lo que sientes acerca de ti mismo. Escribe todos tus pensamientos y todas tus emociones. Todo lo que te venga a la mente, sin filtros.

Eres la única persona que lo verá, así que escribe lo que sientes de verdad.

Te daré algunos ejemplos para ayudarte a empezar si se te queda la mente en blanco:

- «No soy lo bastante bueno».
- «No soy aceptable.»
- «No merezco ser amado.»

* «Soy un fracaso.»
* «No he hecho realidad mi potencial.»

Mucho de lo que escribas puede ser negativo y suscitar emociones intensas.

Una vez que tenemos nuestras creencias y nuestras emociones sobre el papel, podemos observarlas con atención. ¿Puedes ver alguna relación entre lo que acabas de escribir y lo que sucede ahora en tu vida?

Ahora, vuelve al ejercicio de compleción de la página 112. Identifica el incidente que te llevó a empezar a creer esto acerca de ti mismo. Sigue reviviendo la experiencia dolorosa hasta que el dolor se desvanezca.

La compleción ayuda a vaciar la mente
de pensamientos dolorosos

Cuando regresé a Londres, seguí practicando la compleción a diario. Al cabo de unas semanas, de repente me di cuenta de que ya no me lamentaba tanto por el pasado ni me preocupaba tanto por el futuro. Un día, mientras paseaba por el parque de camino a casa, me di cuenta de que apenas había pensamientos. Había sol, árboles, césped... Los colores parecían más brillantes que antes y yo estaba presente casi todo el tiempo.

Ese vacío sereno duró unas veinticuatro horas. Entonces hablé con alguien de política y de la situación económica. Volvieron a aparecer los antiguos pensamientos negativos. Por suerte, solo tuve que hacer el ejercicio de compleción algunas veces más para recuperar la sensación de espacio infinito.

La compleción continuada es liberadora

La técnica de compleción que he descrito necesita que nos sentemos durante unos minutos (idealmente, unos veinte) cada vez, para revivir la experiencia que nos causa dolor, agitación o malestar. Una vez que lo hayas hecho y hayas experimentado los resultados, te animo a que practiques la compleción con regularidad a lo largo del día. Cada vez que tengas una experiencia dolorosa, asegúrate de que no la reprimes (para evitar que quede almacenada en tu interior), ni intentas evitarla de ninguna otra manera. En lugar de eso, haz lo siguiente:

* Mira hacia dentro.
* Localiza el dolor, la agitación o el malestar en el cuerpo.
* Retrocede en el tiempo y encuentra el incidente original, el momento en el que empezaste a sentirte así.
* Revive la experiencia exactamente tal y como sucedió, de principio a fin.

Por ejemplo:

* Te despiden del trabajo y te sientes enfadado, frustrado o deprimido. Son emociones causadas por la impotencia. Ahora, mira hacia atrás en tu vida e identifica la primera vez que sentiste este tipo de impotencia. Cuando lo hagas, deja salir todas las emociones. Una vez que hayas completado la experiencia en el pasado lejano, te sentirás más potente. Esto te ayudará a encontrar otro trabajo antes.
* Alguien te insulta en el tren y te enfadas, o te sientes ultrajado o humillado. Son emociones causadas por la impotencia. Ahora mira hacia atrás en tu vida e identifica la primera vez que sentiste este tipo de impotencia. Cuando lo

hagas, deja salir todas las emociones. Una vez que hayas completado la experiencia en el pasado lejano, te sentirás más potente. Te ayudará a sentirte más seguro de ti mismo y más cómodo con la gente con la que te encuentres a partir de ahora.

En cada caso, miramos hacia dentro, encontramos el incidente original que causó el malestar y lo completamos. Completamos la experiencia reviviéndola de principio a fin. Revivimos para reparar.

El dolor, el sufrimiento y el malestar se disiparán gradualmente, o bien en una sesión o a lo largo de varias, en función de la intensidad con la que revivamos los hechos. Cuanto más intensamente lo hagamos, más nos experimentaremos a nosotros mismos como consciencia, y más serenidad lograremos. Es posible que también sintamos amor, compasión y creatividad, como si surgieran de la nada. Y es que surgen de la nada. Surgen de la consciencia pura y se expresan en nosotros y en el mundo que nos rodea.

Si perseveramos, descubriremos que las relaciones personales y profesionales son más armoniosas. Todo sucederá con mucha más facilidad que antes. La vida cambiará a mejor.

Mirarnos hacia dentro y sentir el dolor va en contra de nuestro condicionamiento cultural. A la mayoría de nosotros nos han enseñado a «centrarnos en lo positivo» y «poner al mal tiempo, buena cara». Entonces, reprimimos las emociones y los pensamientos negativos, que siguen resonando en nuestro interior y dirigiendo nuestras vidas. Tal y como he dicho antes, todos los patrones de dolor se basan en emociones reprimidas.

Si la represión de emociones fuera un deporte olímpico, es muy posible que el equipo masculino de Inglaterra, mi país, ganara muchas medallas. Nuestra capacidad para reprimir emociones y patrones de dolor constituye la base de personajes cómicos que van desde Basil Fawlty a Mr. Bean, por nombrar solo dos.

El análisis es una alternativa a la represión, y también es muy popular. Durante la depresión clínica que sufrí a mitad de la veintena, me sometí a un psicoanálisis freudiano (la técnica clásica de tenderse en un diván hablando en voz alta a un hombre de barba blanca). Al cabo de muchas sesiones a lo largo de un año, había explicado muchas historias e identificado muchos problemas, pero no había resuelto ninguno de ellos. Por decirlo mal y pronto, analizar mi m***** no me ayudó demasiado. Lo que verdaderamente marcó la diferencia fue tirar de la cadena usando la técnica de la compleción (página 112).

Decidir completar las experiencias pasadas ya es más del 80 % de la tarea. Básicamente, podemos elegir: o bien podemos seguir viviendo con nuestros patrones de dolor y seguir reforzándolos, o bien podemos librarnos de ellos. Librarnos de ellos nos exige revivir plenamente todas las experiencias originales, sin huir de ellas, reprimirlas o analizarlas.

Con un poco de práctica, la compleción se vuelve automática. Es como tener de fondo un motor en marcha mientras seguimos con nuestras actividades diarias. De vez en cuando se nos cala, se detiene y debemos intervenir para volver a arrancarlo. La compleción nos exige ser conscientes de lo que sucede en nuestro interior, para poder procesarlo. Tenemos una emoción o un pensamiento negativos, y los afrontamos. Los sentimos. Nos escuchamos. Sin juicios.

Cuando completamos las experiencias de este modo, dejamos de almacenar el dolor en nuestro interior. Nos sentimos ligeros y libres. Es mucho más fácil hacer que las cosas sucedan.

A partir de entonces, recordamos lo sucedido si es necesario, pero los sucesos dolorosos del pasado pierden la carga emocional y ya no moldean nuestras vidas. En mi caso, episodios como la depresión y la muerte de mi padre son como libros en una biblioteca. Puedo coger un libro y abrirlo siempre que quiero, pero no gobierna mi vida.

La compleción nos ayuda a sentir agradecimiento
Una vez que hayamos afrontado y completado los patrones de dolor que han estado dirigiendo nuestras vidas, sentiremos un agradecimiento natural por todo lo que sucede, momento a momento. Sintonizamos con la existencia, y las cosas que deseamos que ocurran empezarán a suceder con mucha más facilidad.

La compleción nos ayuda a dejar ir el arrepentimiento
Nos arrepentimos del pasado porque hemos almacenado el dolor, que sigue generando cientos o miles de pensamientos negativos. Cuando completamos el dolor, deja de generar pensamientos negativos. Podemos regresar y encontrar ese suceso entre nuestros recuerdos, como si fuera un libro en una biblioteca, pero el torrente de pensamientos de arrepentimiento se desvanece.

La compleción mejora las relaciones
Cuando cambiamos, las personas que nos rodean cambian también. Lo mismo sucede con las situaciones en las que nos encontramos. Las relaciones románticas son un buen ejemplo. Muchos hemos experimentado situaciones como estas:

- Nos enamoramos de alguien. Y, al principio, todo es maravilloso.
- Antes o después, empezamos a etiquetar algunos aspectos

de la persona o de la relación como problemáticos, dolorosos, y pensamos que «tenemos que resolverlos».
* Entonces, intentamos cambiar a la persona o la relación,
con el objetivo de sentirnos bien de nuevo.

Esta estrategia no funciona. Y la situación es peor si es recí-
proca y la otra persona nos intenta cambiar a nosotros. Por suerte, hay una estrategia alternativa, que puedes aplicar inmediatamente:

* Deja de intentar cambiar al otro. Deja de analizar la relación. Ambas cosas son un reflejo de ti.
* Mira hacia dentro y trabaja en ti. Identifica y completa
cada patrón de dolor a medida que aparezca.
* Hazlo continuamente.

Cuanto más completes los patrones de dolor, mejor te sentirás
y más querrás a tu pareja y a todo el mundo.

Quizá recuerdes lo que te he explicado en el primer capítulo: cuando aprendí a estar presente y a dejar ir, mi madre se
calmó. Lo mismo sucede con la compleción. En cuanto completamos y eliminamos el patrón de dolor en nuestro interior, el
cambio afecta a todos los que nos rodean. Todas las relaciones
mejoran.

No nos convirtamos en psicoterapeutas
Cuando empezamos a conocer a una posible pareja, es muy fácil
caer en la tentación de intentar resolver sus problemas. Los hombres tenemos una tendencia especial a hacerlo. Y luego nos preguntamos por qué hemos acabado siendo amigos en lugar de pareja.

¿Recuerdas lo que he dicho acerca de las anclas (en terminología de la PNL) al principio del capítulo (página 110)? Si pasas mucho tiempo analizando los problemas que le causan dolor al otro, instalas un ancla en su mente y te asocia al dolor. ¡Cada vez que piensa en ti, siente dolor!

Todos queremos estar con personas que nos hacen sentir bien. Y esto es especialmente importante cuando hablamos de relaciones románticas. Si haces los ejercicios del libro, serás mucho más feliz que antes y los demás querrán estar a tu lado. Escucha con atención cuando alguien te hable de una experiencia dolorosa o del dolor que está sintiendo. Podemos empatizar con los demás y validar sus emociones, sin necesidad de analizarlas ni arreglarlas.

¿Y QUÉ HAY DE LAS PERSONAS QUE NOS IRRITAN DE VERDAD?

Los problemas que tenemos con los demás tienden a seguir una pauta. En otras palabras, tenemos el mismo problema, o problemas muy parecidos, con distintas personas, en distintos momentos y en distintos lugares. Puede ser algo que te sucede en un trabajo tras otro, en un negocio tras otro, o en una relación tras otra.

Las personas que te irritan de verdad

Coge un papel en blanco. En la mitad izquierda, escribe una lista con las personas que te irritan más. Incluye tanto a personas específicas como a «tipos» de persona. Empieza por los amigos y familiares. Luego piensa en compañeros de trabajo, pasados y presentes. ¿Y la gente que conoces a través del deporte o de otras actividades de ocio? Ahora piensa en personas que has visto en televisión o en internet, o en personas acerca de las que hayas leído. ¿Hay personajes famosos, o tipos de personas, que te resulten especialmente irritantes? Haz una lista tan larga como te sea posible. Cuantos más datos con los que trabajar tengas, mejor.

Escribe lo que más te molesta de cada nombre, haciendo un listado, a su derecha.

Acabarás con algo parecido a esto:

Quién me irrita más	Qué es lo que más me molesta de ellos
Jack	
Jill	
Deepika	
Hieronymus	
Etcétera	

¿Tienes el mismo problema con distintas personas? ¿Qué pautas detectas en las relaciones? Escríbelas. Te ayudará a descubrir algo muy importante, como te explicaré pronto.

Al final, muchos nos damos cuenta de que el factor común en todas las situaciones somos nosotros. Cambiamos de trabajo, cambiamos de pareja o emigramos, pero nos sigue sucediendo lo mismo.

Durante años, tuve problemas con las personas críticas que aparecían en mi vida, una tras otra. En el trabajo, me rodeaban colegas que no dejaban de juzgar. También tuve dos relaciones con sendas mujeres que eran muy críticas, algo que me divirtió durante un tiempo, pero que al final me resultó agotador. En lugar de estar presente y disfrutar de la vida, tenía que justificarme a mí mismo una y otra vez.

Las personas que nos irritan tienen un mensaje para nosotros
Quizá te sorprenda leer esto, pero las cosas que tanto te irritan en los demás son un reflejo de ti.

HA LLEGADO EL MOMENTO DE MIRAR NUESTRA SOMBRA

Carl Jung desarrolló el concepto de *sombra*. También podemos llamarlo *lado oscuro*. Contiene todo lo que no hemos aceptado de nosotros mismos y que por ello proyectamos inconscientemente sobre los demás. Mientras, tenemos los mismos problemas con la gente, una y otra vez.

Si queremos entender nuestra sombra, tenemos que mirar a las personas que más nos irritan, de ahí el ejercicio anterior. Lo que tanto nos molesta de ellas es algo que hemos reprimido en nosotros y proyectado sobre ellas. Sea lo que sea, lo seguirás viendo en los demás hasta que tomes conciencia y lo aceptes en ti. Entonces empezarás a estar completo.

En mi caso, esos colegas y novias tan críticos eran indicios de lo que sucedía. ¿Cómo había proyectado esa cualidad crítica sobre ellos? Entonces me di cuenta. Yo era crítico, en ocasiones hasta el extremo.

Había negado que fuera crítico y lo había proyectado sobre los demás. Y las personas críticas aparecían una detrás de otra en mi vida para recordármelo. Y lo seguirían haciendo hasta que me completara.

Desde que lo dejamos, la relación con mi exnovia había sido muy complicada. La siguiente vez que la vi, le dije que me había dado cuenta de que había sido muy crítico, como siempre me había dicho. «Por fin», respondió. A partir de ese momento, la situación mejoró como por arte de magia. Ella se mostró mucho menos crítica y en mi vida, de repente, tampoco había ya tantas personas críticas.

Los hombres con sobrepeso también me irritaban, sobre todo si tenían unos cuarenta o cincuenta años. Me topaba con ellos en todas partes, en ocasiones literalmente. No entendía lo que sucedía. Además, curiosamente, las mujeres con sobrepeso no me molestaban.

Entonces me di cuenta: hacía una eternidad que intentaba perder tres o cuatro kilos rebeldes. Sabía que cuando estaba más delgado tenía más energía y corría mejor, pero había estado negando que tuviera sobrepeso en lugar de aceptarlo. ¡Abracadabra! Me sentía rodeado de hombres con sobrepeso que me recordaban que no había aceptado mi sobrepeso.

Experimenté pensar en el tema de otra manera. «Tengo sobrepeso» no me hizo sentir demasiado bien. Entonces, probé con «peso más de lo que me gustaría». Tampoco me fue muy bien, porque implicaba que no me aceptaba tal y como era, algo que obviamente no iba a funcionar.

A continuación, probé con «puedo tener sobrepeso». Eso estuvo mucho mejor. Era algo que era capaz de ser. Podía tener sobrepeso, o no, en cualquier momento dado.

Poco a poco, los hombres con sobrepeso se fueron desvaneciendo de mi entorno. Quizá seguían allí, pero ya no los veía tanto. Al cabo de unas semanas, la gente empezó a comentar que había perdido peso, a pesar de que no había hecho ningún esfuerzo en ese sentido (una posible explicación es que cuando me acepté, me relajé y dejé de «comer por ansiedad» como respuesta a las emociones que sentía, independientemente de que tuviera hambre o no).

Mis problemas con las personas críticas y con los hombres con sobrepeso desaparecieron una vez que estuve completo. En palabras de Carl Jung, «todo lo que nos irrita de los demás nos puede ayudar a entendernos mejor a nosotros mismos».

La sombra incluye juicios acerca de nosotros mismos que luego proyectamos sobre los demás. Cuando los descubrimos, podemos aceptarlos y dejarlos ir. Te enseñaré a hacerlo con los ejercicios de las páginas siguientes.

¿Y si la gente que nos irrita hace algo que nosotros no haríamos nunca?
En una ocasión, estaba dirigiendo un taller cuando una mujer del público, sonriente y elegantemente vestida, nos explicó que, esa misma tarde, un «vagabundo» había susurrado algo cuando ella pasó por delante de él. Cuando ella se detuvo para escucharlo, él le echó humo de tabaco en la cara, lo que la irritó mucho.

Le pregunté si fumaba y me dijo que no. Entonces, le pregunté qué era lo que más le había molestado del incidente, y me dijo que fumar era perjudicial y podía causar cáncer. Le pregunté si podía pensar en algún momento en que le hubiera hecho daño a alguien. Reflexionó unos instantes y dijo: «A veces, he hecho daño a los demás con las palabras que he usado. He hecho daño a los demás, consciente o inconscientemente».

Hace falta valor para mirarnos al espejo y enfrentarnos a aspectos de nosotros mismos que hemos reprimido, negado o, sencillamente, pasado por alto. Cuando lo hacemos, podemos aceptarlos y completarnos.

Integra tu sombra y complétate

En el capítulo 2, te he pedido que escribieras tus historias sobre los demás. Te he dado los ejemplos siguientes:

- La gente es muy maleducada.
- Todo el mundo mira por sí mismo.
- Son todos una panda de creídos.
- Todos los políticos son unos mentirosos.

Cuando identificas alguna de las historias que te cuentas acerca de los demás, puedes transformarla en una pregunta acerca de ti. Por ejemplo:

- ¿Cuándo he sido maleducado?
- ¿Cuándo he sido egoísta?
- ¿Cuándo he sido engreído?
- ¿Cuándo he mentido?

Una vez que hayas identificado la conducta que has estado negando en ti mismo, puedes empezar a aceptarla. Por ejemplo:

- Puedo ser maleducado.
- Puedo ser egoísta.
- A veces soy algo creído.
- A veces digo mentiras.

No te estoy pidiendo que te etiquetes. Sencillamente, estás identificando cosas que puedes ser y que puedes hacer. Si aceptas todos los aspectos de ti mismo, empezarás a completarte.

Completarse

Es mejor estar completo que ser bueno

Intentar ser bueno es estresante y agotador. Si decidimos que no podemos ser críticos, vigilaremos constantemente nuestros pensamientos y nuestra conducta, por si nos «portamos mal». Y quizá también controlemos a los demás, por si empiezan a juzgar a alguien.

Relajémonos. Es mejor estar completo que ser bueno. Todos podemos ser críticos de vez en cuando. ¿Dónde está el problema? Podemos ser cualquier cosa. Dejémoslo ir y relajémonos. Los pensamientos caóticos se desvanecerán, y estar presentes y disfrutar del momento nos será mucho más fácil.

La plenitud es (muy) atractiva

En la primera página de la introducción, te he preguntado qué querías cambiar en tu vida. ¿Las relaciones de pareja aparecen en la lista?

Muchos creemos que una pareja nos completará. Creemos que nos falta algo en la vida y que otra persona puede hacer que esa desagradable sensación desaparezca. Por desgracia, los demás perciben esas emociones negativas y se alejan.

Es mejor que aceptemos todas nuestras facetas. Entonces, nos sentiremos bien en nuestra piel y los demás se sentirán cómodos en nuestra compañía. Las relaciones se desarrollan de manera natural cuando no sentimos la necesidad de «arreglarnos» o de «arreglar» a quienes nos rodean.

Acepta que puedes ser cualquier cosa.

Integrar la sombra y completarnos

Cuando estés a solas, lee en voz alta las afirmaciones siguientes:

- Puedo ser inteligente.
- Puedo ser tonto.
- Puedo ser guapo.
- Puedo ser feo.
- Puedo estar gordo.
- Puedo estar delgado.
- Puedo ser mezquino.
- Puedo ser generoso.
- Puedo ser amable.
- Puedo ser antipático.
- Puedo ser viejo.
- Puedo ser joven.
- Puedo ser vago.

- Puedo ser dinámico.
- Puedo ser fascinante.
- Puedo ser aburrido.
- Puedo ser rico.
- Puedo ser pobre.
- Puedo ser paciente.
- Puedo ser impaciente.
- Puedo ser ordenado.
- Puedo ser desordenado.
- Puedo ser eficiente.
- Puedo perder el tiempo.

¿Lo ves? Una vez que te das cuenta de que puedes ser cualquier cosa, te empiezas a completar. Ya no intentas ser una cosa en lugar de otra. Te sientes mejor en tu piel y los demás se sienten mejor junto a ti.

Las personas que quieran discutir contigo lo tendrán mucho más difícil cuando aceptes que puedes ser cualquier cosa. De vez en cuando, alguien me etiqueta en la vida real o en las redes sociales. Ya no siento la necesidad de defenderme. Mi respuesta habitual es: «Me puedes poner la etiqueta que más te plazca».

La gente que se acepta tal y como es no siente la necesidad de ocultar cualidades que quizá no gusten a otros. No todo el mundo se sentirá atraído por ellos, pero mucha gente sí. Si deseamos tener pareja, solo necesitamos atraer a una persona.

Si queremos tener éxito en nuestra carrera profesional, tampoco necesitamos atraer a todo el mundo. Lo único que tenemos que hacer es aceptar todas nuestras facetas y, entonces, estaremos más cómodos en nuestra piel. Tal y como explico en *Brand You* [*Sé tu propia marca*], atraemos a las personas que quieren lo que hacemos, de la manera en que lo hacemos.

Quizá hayas estado mostrando las facetas de ti que crees que gustarán a los demás, al tiempo que has ocultado aspectos que consideras que pueden disgustarlos. El riesgo es que, así, quizá no atraigas a nadie.

En Gran Bretaña consumimos una pasta comestible para untar, elaborada con extracto de levadura. Se llama Marmite (el equivalente australiano es Vegemite) y la gente la adora o la detesta. No hay término medio. Si queremos atraer con intensidad a alguien, tenemos que aceptar que ahuyentaremos a otros. Si pensamos en los cantantes, políticos o cómicos de más éxito, muchos de ellos son como el Marmite.

Cuando hayamos aceptado todas nuestras facetas, podemos decidir cuáles queremos mostrar a los demás y en qué situaciones deseamos hacerlo. Durante los primeros cuatro años de mi trayectoria en selección de ejecutivos, fui muy estricto en lo que permitía que tanto mis colegas como mis clientes vieran de mí. Vieron al asesor eficiente y trabajador con zapatos lustrosos que siempre mantenía la calma y que nunca entraba al trapo en las discusiones. Eso me ayudó a convertirme en socio de la empresa, pero entonces me di cuenta de que si quería destacar en un mercado saturado y atraer a clientes nuevos, tenía que mostrar más de mí mismo.

Ahora soy mucho más abierto de lo que era al principio. Si un cliente o un candidato me hablan de depresión, les explico que yo sufrí una hacia la mitad de la veintena y que me recuperé. Algunos se sorprenden, lo que es sorprendente en sí mismo, porque la depresión es muy habitual. Hay quien se siente más próximo a mí, porque también la ha sufrido o conoce a alguien que la padece. Como me abro a ellos, ellos se abren a mí.

Dejar ir el hábito de juzgarnos y de juzgar a los demás
En el capítulo 2, he explicado que si juzgamos, sufrimos. Y muchos reservamos los juicios más duros para nosotros mismos. Cuando nos aceptamos con todas nuestras facetas, abandonar este hábito es mucho más sencillo. ¿Qué sentido tiene juzgarse cuando podemos ser cualquier cosa?

Cuando aceptamos todas nuestras facetas, ya no tenemos nada que proyectar sobre los demás. Por lo tanto, es mucho menos probable que los juzguemos. Dejar ir los juicios es bueno para nosotros y para todos los que nos rodean.

Otros pueden proyectar sus «cosas» sobre nosotros
La próxima vez que alguien te juzgue, piensa que es posible que esté proyectando aspectos de sí mismo sobre ti. En otras palabras, te juzga por algo que le parece inaceptable de sí mismo. No es necesario que le digas nada, puedes tomar conciencia de ello y dejarlo ir.

Ha llegado el momento de profundizar
Si has hecho los ejercicios sobre la sombra que hay a partir de la página 131, habrás descubierto qué has estado proyectando sobre los demás. Eso ya es de mucha ayuda. Estarás más completo.

Ahora podemos profundizar más y estar completos del todo, usando la técnica de compleción. A continuación, encontrarás un ejemplo personal, que combina los ejercicios de la sombra y la técnica de la compleción:

1. Me doy cuenta: (a) de que juzgo a los hombres que tienen sobrepeso; y (b) de que etiqueto como inaceptables a otras personas y sus conductas.
2. Hago los ejercicios de la sombra y me doy cuenta: (a) de que me siento incómodo con mi sobrepeso; y (b) de que pienso que soy inaceptable en varios aspectos. Ahora sé de dónde han salido esas proyecciones, veo lo que estoy haciendo.
3. Miro hacia atrás e identifico cuándo aparecieron esos patrones.
4. (a) Empecé a engordar de forma significativa cuando tenía unos veintiséis años. Sentía que estaba en el trabajo equivocado y no veía la salida. Me sentía atrapado. Entonces me diagnosticaron depresión. Empecé a picar mucho entre comidas, porque me ayudaba a sentirme mejor, al menos durante un rato. Entonces empecé a engordar.
5. (b) Fue en mi primer día de clase, cuando tenía cinco años. Los otros niños se rieron de mí y de mi acento y me sentí inaceptable.
6. Ahora que sé cuándo empezaron los patrones, uso la técnica de compleción explicada antes en este mismo capítulo (página 112). Me siento tranquilamente en silencio, me convierto en un chico de veintiséis años deprimido de nuevo y revivo la experiencia de sentirme atrapado. Entonces, retrocedo aún más y me convierto en el chico de cinco años en su primer día de clase. Revivo para reparar.
7. Repito el proceso una y otra vez, en varias sesiones y con tanta intensidad como soy capaz. Dejo ir el dolor, el malestar, la agitación, etcétera.
8. Me siento feliz, ligero y libre.

Es muy improbable que podamos identificar todas nuestras incompleciones a la primera, al menos estaremos mirando en el lugar adecuado. Los ejercicios de la sombra nos ayudarán a ello. Así, podremos profundizar cada vez más para librarnos de todas las incompleciones.

Ahora te toca a ti

- ¿Qué proyectas sobre los demás?
- ¿Qué patrones de dolor te llevan a hacerlo?
- Te invito a que los completes y a que los dejes ir.
- Sigue mirando hacia dentro. Profundiza. Completa.

RESUMEN

- Los pensamientos negativos recurrentes se originan en un dolor profundo que dirige nuestras vidas.
- A veces, reprimimos el dolor e intentamos centrarnos en algo positivo. Continuamos sintiéndonos mal a intervalos frecuentes.
- En otras ocasiones, intentamos evitar la sensación haciendo muchas cosas, pero continuamos sintiéndonos mal por dentro.
- Los patrones de dolor o incompleciones surgen de emociones reprimidas que pueden dirigir nuestras vidas durante décadas.
- La técnica de compleción (página 112) nos permite revivir experiencias y dejar ir los patrones de dolor.
- Todos hemos tenido durante la infancia experiencias dolorosas que siguen modelando nuestra vida adulta. Esto significa que nuestra imagen interior es distinta a la que proyectamos al mundo.
- El ejercicio de la página 119 nos puede ayudar a descubrir nuestra imagen interna. Luego, podemos completar la experiencia que nos llevó a construirla.
- La compleción continuada nos ayudará a experimentarnos como consciencia. Experimentaremos amor, compasión y creatividad, que parecerán surgir de la nada. Las relaciones personales y profesionales se volverán más armoniosas.
- Para entender la sombra, observemos a las personas que nos irritan. Lo que nos irrita es algo que hemos reprimido en nosotros mismos y que proyectamos sobre ellos.

- Cuando reconocemos y aceptamos esa parte oscura, empezamos a completarnos. Los ejercicios de las páginas 131-134 nos ayudarán en el proceso.
- Podemos identificar los patrones que han dado lugar a la sombra. Usa la técnica de la compleción para revivirlos y dejarlos ir.

CAPÍTULO 4

Entregarse y sintonizar con algo mucho más inteligente que nuestro cerebro

Para recapitular, en los tres primeros capítulos hemos hablado de lo siguiente:

- Cómo estar presentes.
- Cómo dejar ir los pensamientos que nos retienen.
- Cómo soltar el dolor que dirige nuestras vidas.

Ahora que hemos hecho el trabajo de base, podemos pasar a lo verdaderamente emocionante: dejarnos ir por completo. A veces, lo llamamos *entregarnos*. Debo advertirte de que, aunque entregarse pueda parecer paradójico al principio, dejarse ir por completo es mucho más productivo que intentar controlarlo todo y a todos. También puede transformar tu vida, así que merece la pena que lo experimentes.

La mejor manera de explicarte en qué consiste entregarse es explicarte cómo se hace.

Cómo entregarse

Si has hecho los ejercicios de los capítulos 2 y 3, ya has empezado a dejar ir las emociones y los pensamientos negativos. Ahora ha llegado el momento de dejarte ir por completo. Olvida el pasado y el futuro. Olvida tus objetivos, planes y expectativas. Deja ir todos los recuerdos. Deja ir todos los pensamientos acerca del presente, incluidos los juicios, las etiquetas y las expectativas. Cierra los ojos e imagina que te deshaces de todos ellos.

Ahora, haz lo que te parezca adecuado momento a momento. Si tienes una lista de tareas pendientes, elige aquella que requiera tu atención y acométela.

Sigue tu intuición, haz lo que sientas que es lo correcto, momento a momento.

Deja ir los pensamientos acerca del resultado. No pierdas el tiempo en eso ahora. Sumérgete en lo que sea que estés haciendo y disfrútalo.

Si seguimos pensando en objetivos y en planes de acción, nos alejamos constantemente del momento presente. Lo mismo sucede si pensamos y hablamos del pasado sin cesar. Aleja nuestra atención del presente.

Cuando nos entregamos, nos anclamos en el presente. Dejamos ir los pensamientos acerca del pasado y del futuro. Ahora sintonizamos con lo que sucede en realidad, en lugar de con lo que la mente cree que debería suceder o debería haber sucedido. Esto permite que tengan lugar grandes cambios.

Cuando me entregué, de repente me sentí más relajado. Empecé a fijarme más en mi entorno. Al pasear por la calle en la que vivía desde hacía ya varios años, me di cuenta por primera vez de que las casas al final de esta tenían buhardilla. Los colores parecían mucho más intensos.

También me volví mucho más productivo, ya fuera a la hora de escribir un documento, de organizar algo o de comunicarme. Y recordaba las cosas con más facilidad, porque la mente ya no estaba abarrotada de pensamientos sobre el futuro. Ahora, si no recuerdo el nombre de alguien, me entrego y normalmente me viene a la mente al cabo de un rato.

También me di cuenta de que cuando conversaba con alguien, no tenía que hacer ningún esfuerzo para concentrarme en lo que me decía mi interlocutor.

Tenía más energía y disfrutaba de la vida momento a momento, sin expectativas. Estaba agradecido por todo lo que sucedía.

También sentía un poderoso amor en mi interior (no tengo otra palabra para expresarlo). Lo que sucedía alrededor de mí ya no me irritaba tanto. Ahora reía más, también me reía más de mí mismo.

ENTREGARSE PARA TENER ÉXITO

Para la mayoría de las personas, entregarse va contra todo el condicionamiento recibido y contra la cultura en la que hemos crecido (un amigo mío, aficionado a la historia militar, me dijo: «La idea de entregarme no me apasiona demasiado»). Quizá podamos pensar en el concepto de *entrega* desde otro punto de vista. Entregarse es como lanzarse en paracaídas: primero asusta, pero cuando nos acostumbramos, nos entusiasma. O imagina que te estás aferrando a la orilla de un río y, entonces, te entregas y te dejas ir, con la corriente. Es fácil: recorres largas distancias sin apenas esfuerzo, en lugar de luchar por permanecer en el mismo lugar.

En este capítulo te enseñaré qué sucede cuando nos entregamos a la existencia: nuestra vida cambia radicalmente a mejor, porque dejamos de recurrir al cerebro para que lo resuelva todo. Ahora, recurrimos a algo mucho más inteligente.

De un modo u otro, la vida nos empuja continuamente para que nos entreguemos. Justo cuando pensamos que lo tenemos todo controlado, sucede algo que parece un desastre. Meses o años después, con el beneficio que nos da echar la vista atrás, vemos que eso fue precisamente lo que necesitábamos para destruir un poco más el ego y dejarnos ir. Me entregué porque tenía que hacerlo. No había otra opción.

Cómo me empecé a entregar

Vivía en París y dirigía una empresa que hacía aguas. Me había quedado sin dinero y mi relación de pareja estaba a punto de terminar. Por si eso fuera poco, estaba deprimido y tenía ciática, por lo que caminar me costaba mucho. En resumen, nada iba bien.

En medio de todo esto, empecé a leer una novela que parecía bastante optimista, *El secreto de un hombre rico*,* cuyo protagonista hacía un ejercicio muy sencillo, que consistía en «regresar al ahora». Empecé a hacer el mismo ejercicio y poco después me empecé a sentir mucho mejor (luego descubrí que había aprendido a practicar mindfulness sin darme cuenta).

Entonces, di un paso atrás para distanciarme de la situación y poder observarla desde otro punto de vista. Llevaba años inten-

---

* Ken Roberts, *El secreto de un hombre rico*, Barcelona, Obelisco, 1999.

tando hacer que las cosas sucedieran pensando mucho y esforzándome al máximo. Cada vez resultaba más estresante y la situación era cada vez peor.

Al sociólogo que llevo dentro le resultó muy interesante. Estaba muy bien cualificado y llevaba años esforzándome mucho. Siendo realista, me hubiera sido imposible esforzarme más. Y, sin embargo, no llegaba a ningún sitio y sentía que estaba absolutamente bloqueado. Esto sugería que estaba haciendo algo muy mal. Si podía averiguar qué era y cambiarlo, era muy probable que mi vida se transformara rápidamente.

Se me ocurrió la idea de dejarlo ir todo, y lo hice. Dejé de programar citas de negocios y renuncié a intentar que la gente hiciera lo que yo quería. Cuando me daba cuenta de que la atención se desviaba, la devolvía con suavidad al momento presente. Sucedía cada día, una y otra vez, y cada vez con más frecuencia. Podía observar mis pensamientos y mis emociones, lo que me ayudó a entenderme a mí mismo mucho mejor. Y fue entonces cuando la intuición se encendió como si fuera un foco, como he mencionado en el capítulo 1. De repente, cuando me reunía con gente, tenía una sensación que me indicaba qué debía hacer a continuación.

Entre los cinco y los quince años de edad fui a misa con regularidad y, además, asistía a la escuela dominical por la mañana, por lo que estaba acostumbrado a rezar. Muchas personas rezan para que les sucedan cosas concretas. Yo rezaba en busca de orientación para encontrar el trabajo o el negocio adecuado. Y me dejaba ir.

Hacía años que intentaba (en vano) alcanzar un nivel de ingresos concreto y entonces empecé a explorar otras opciones profesionales. Se me ocurrieron un par de ideas, y una de ellas fue la selección de ejecutivos, también conocida como *headhunting* (caza de talentos). Aunque era algo que ya me había interesado mucho en la facultad, por aquel entonces sabía que carecía de la intuición necesaria para que se me diera especialmente bien evaluar a personas. Ahora que mi intuición era mucho más potente, quizá había llegado el momento de volver a considerar la selección de ejecutivos.

Poco después, apareció un anuncio en la sección de ofertas de empleo de *The Sunday Times*. Una importante empresa de selección de ejecutivos buscaba consultores, a los que ofrecía la posibilidad de convertirse en socios en el futuro. El salario era superior a la cantidad que yo llevaba cinco años intentando alcanzar (en esos momentos, mis ingresos eran inexistentes).

Respondí al anuncio y me invitaron a una entrevista. A lo largo de las semanas siguientes, conocí a dieciséis socios en Londres y en París. Cada entrevista duró una hora y en muchas me preguntaban lo mismo. Antes de cada entrevista, centraba la atención en la respiración y luego en cada uno de mis sentidos. Eso me permitió ser capaz de escuchar con atención durante toda una hora.

También me entrevistaron en otra multinacional de selección. Era un puesto que parecía hecho para mí, porque empleaba a muchas personas que habían cursado MBA, incluyendo a varias que lo habían cursado en el INSEAD, como yo, pero me rechazaron. Mi primera reacción fue de frustración, pero entonces me acordé y la dejé ir. Pedí orientación y regresé al presente una y otra vez.

Unas semanas después, la primera empresa me ofreció el trabajo y acepté. Había un salario fijo y una bonificación garantizada, lo que significaba que iba a ganar significativamente más que el objetivo que durante tanto tiempo había estado intentando alcanzar. Sorprendentemente, mi objetivo se había hecho realidad en cuanto dejé de pensar y de esforzarme tanto. Había regresado al presente, pedido orientación y soltado los lastres. Después de años de bloqueo, de repente, había avanzado muchísimo.

Ahora viene lo raro. Al cabo de unos meses en la empresa, me topé con comunicación interna antigua, procedente de un directivo, donde explicaba que la empresa había decidido contratar a consultores nuevos, justo por debajo del nivel de socio. También explicaba lo que estaban buscando, resumido en cinco criterios.

Fue asombroso: yo los cumplía todos. Encajaba a la perfección. En solo seis meses, había pasado de dirigir una empresa fracasada a encontrar el trabajo perfecto. Después de años de lucha y de esfuerzo, logré mi objetivo cuando me dejé llevar.

Tuve que tocar fondo antes de entregarme. Y, entonces, mi vida cambió rápidamente a mejor. Lo que había parecido una experiencia muy dolorosa al final había sido una bendición.

No hace falta esperar a que la vida se complique tanto como se me complicó a mí antes de decidirte a soltar lastre. Puedes empezar ahora mismo, estés en el punto que estés. Si lo haces, te ahorrarás mucho dolor. Si no lo haces, la vida te empujará para que lo hagas. Hay quien necesita un buen empujón, pero no tiene por qué ser tu caso.

Alguien podría decir que mi experiencia en París y en Londres no es significativa estadísticamente hablando: fue una experiencia aislada entre muchas otras. Sin embargo, fue extraordinariamente significativa para mí. Me cambió la vida. También me orientó hacia una manera nueva de vivir, que he seguido desde entonces.

He conocido a muchas otras personas cuyas vidas cambiaron rápidamente también a mejor cuando se entregaron. Espero que a ti te suceda lo mismo.

Otro ejemplo de cómo entregarse
Esto es lo que le sucedió a una amiga mía:

Antes, dirigía una parte considerable de una empresa de comunicación internacional. Luego, fundé mi propia consultora de comunicación. Tenía mucho éxito en el ámbito profesional.

Tener un hijo resultó mucho más difícil. Las pruebas médicas concluyeron que ni yo ni mi marido podíamos tener un bebé de forma natural, así que apostamos por la fecundación *in vitro* (FIV). Después de cuatro intentos, aún no me había quedado embarazada y cambie de ginecólogo. También me hizo un chequeo general y vio que era sensible al gluten, lo que puede causar infertilidad, así que modifiqué mi dieta.

Habíamos programado el quinto proceso de FIV para octubre. Mientras, una de mis mejores amigas me invitó a que la visitara en la Costa Azul. El sol y el mar me encantan y no hacer nada era mi idea de vacaciones perfectas.

Soy una nadadora pésima. Quería flotar en el agua y mantener el cabello y los ojos secos, pero el mar me lanzaba una ola tras otra. Me estresaba al pensar que iba a acabar sumergida, y las grandes olas que se abalanzaban sobre mí me asustaban. Al final, me di cuenta de que tenía que cambiar de estrategia y seguir la dirección de las olas si quería disfrutar del agua.

Fue un gran descubrimiento para mí. Me di cuenta de que no debía luchar contra las grandes olas, porque siempre serían más fuertes que yo y me acabarían sumergiendo bajo el agua. Debía colaborar con ellas. Quizá, entonces podría conseguir lo que quería, balancearme y nadar en el agua.

En octubre iniciamos el quinto proceso de FIV. Aún queríamos tener un hijo, pero empezábamos a tener dudas. En aquella ocasión, mi actitud fue más un «que pase lo que tenga que pasar». Me sorprendí mucho cuando me dijeron que estaba embarazada, y en junio tuve a mi hija.

En octubre del año siguiente, unos años después de habernos mudado a un piso nuevo, tuve la sensación de que podía estar embarazada otra vez. Respiraba de la misma manera peculiar que cuando mi hija era aún tan diminuta que los ecógrafos no podían detectar su existencia. Una semana después, confirmé mis sospechas. Mi hijo fue concebido y nació de la manera normal, a pesar del diagnóstico médico de que ni mi marido ni yo podíamos tener un hijo.

Intelectualmente, ya entendía el concepto de entregarme, pero no aprendí a ponerlo en práctica hasta que lo experimenté físicamente en el mar.

En palabras de Swamiji, «entregarte es permitir que la existencia suceda a través de ti».

Entregarse es dejar ir al personaje de nuestras historias
¿Recuerdas las historias de las que hemos hablado en el capítulo 2? ¿Todo aquello acerca de no ser lo suficientemente bueno, de ser un ganador, de ser un perdedor? Los ejercicios que has hecho desde entonces te habrán ayudado a dejar ir las historias que te retienen.

Ahora, te explicaré otra cosa peculiar. Cuando nos entregamos, dejamos ir tanto las historias como a los personajes que aparecen en ellas. Porque solo son otra historia más.

Cuando nacemos, somos, sin más. Cuando aún somos bebés, tenemos experiencias, reímos y lloramos, pero todavía no tenemos una historia acerca de nosotros mismos como personas. Eso viene después.

Muy pronto nos dan un nombre, una lengua materna, una nacionalidad y, quizá, una religión. Durante los años que siguen, nuestros padres, maestros y jefes nos dicen que John Purkiss o Frida Smith se han portado bien o se han portado mal, que tienen un gran futuro por delante o no, etcétera. Cuando llegamos a la edad adulta, hemos acumulado muchos episodios que describen las aventuras, los logros y el sufrimiento de John o Frida. Al final, quizá nos damos cuenta de que las historias de John y Frida no son más que pensamientos hilvanados uno detrás de otro. Nuestra historia no es real, por mucho que nos lo parezca, como cuando vemos una película. No es más que una serie de pensamientos sucesivos. Mi amiga Susanna lo describe así:

> Dejar ir los pensamientos acerca de «Susanna» me ayuda mucho. El otro día tuve una experiencia maravillosa: mi ser saltó de la bicicleta para ayudar a un vecino a llevar las bolsas de la compra a casa, sin ningún pensamiento consciente en la cabeza. Fue una experiencia fantástica, porque en el pasado habría observado lo que sucedía y me habría dicho: «Necesita tu ayuda». Ahora sucedió, sin más.

CONSCIENCIA PURA

Entonces, ¿cuál es la alternativa? Si no somos el personaje de la historia, ¿quiénes somos? La respuesta es que, sencillamente, somos. Somos consciencia. Los pensamientos, las emociones y las sensaciones aparecen y desaparecen en la consciencia. Son como una película proyectada sobre una pantalla. Somos la pantalla, no la película.

Cuando nos damos cuenta de que somos consciencia y nos dejamos ir por completo, sentimos una sensación tremenda de espacio, donde las posibilidades parecen infinitas. Podemos proyectar cualquier cosa sobre la pantalla.

La consciencia está ahí siempre, no solo durante la meditación profunda. En la introducción te he dado varios ejemplos sobre la experiencia de entregarse. A continuación te repito tres de ellos. Todos dan lugar a una consciencia pura:

* Nos despertamos tranquilamente, sin el despertador. Nos sentimos completamente relajados después de una larga noche de sueño reparador. Durante unos segundos, apenas somos conscientes y no hay ningún pensamiento. Poco a poco, tomamos conciencia de nuestro cuerpo, tendido sobre la cama. Es posible que surja algún pensamiento sobre qué hora es, qué día es o qué se supone que tenemos que hacer hoy. Quizá pensamos en preparar un té o un café y desayunar. Muy pronto, estamos en movimiento, pensando muchas cosas y pasando a la acción.
* Estamos en la cima de una montaña, observando un paisaje precioso. Nos dejamos ir. La mente queda en silencio durante unos segundos, mientras nos empapamos del entorno. Nos embarga la felicidad. Entonces, los pensamientos reaparecen: «Se parece un poco a aquella montaña del año pasado...», «¿Hago una fotografía?», «¿Quién será esa gente?», «¿Es hora de comer?».
* Hemos llegado al final de una sesión de yoga de una hora de duración. Estamos tendidos boca arriba, agotados, en *shavasana* (postura del cadáver). Nos dejamos ir por completo. Durante unos maravillosos segundos, la mente está vacía.

¿Has experimentado alguna de estas situaciones o algo parecido? Las tres son ejemplos de consciencia pura, también conocida como *existencia pura*, *percepción pura* o *presencia pura*. Somos.

A continuación encontrarás tres experiencias descritas por amigos míos:

Iba en ferri por el fiordo de Aurland, no muy lejos de Bergen, en Noruega. Era un bello día soleado, aunque frío y ventoso. Al cabo de un rato me dirigí hacia la proa del barco, desde donde se apreciaban las mejores vistas. Me quedé allí durante un buen rato, no sabría decir cuánto exactamente, pero media hora como mínimo. Estaba muy cerca de la barandilla y solo veía el agua, los acantilados y el cielo. El viento tapaba el resto de sonidos, no oía ni a los pasajeros ni los motores del ferri. Al cabo de unos minutos de contemplación profunda, durante los que me pasaron por la mente diversos pensamientos caóticos sobre la vida, el futuro o el perrito caliente que me acababa de comer, de repente, desconecté de todo. Sentí que me inundaba una abrumadora sensación de grandeza, de alegría y de silencio. No había pensamientos compitiendo entre sí. La mente se había quedado en blanco.

Estaba frente al palacio nazarí de la Alhambra, tan embelesado por su belleza que la mente se me quedó en blanco durante un segundo. Era «la cosa» más bella que había visto en mi vida y me emocioné tanto que los ojos se me inundaron de lágrimas. Cuando volví a la «realidad», pude admirar los detalles arquitectónicos del palacio (las esculturas, la fuente, etcétera).

Los tanques de flotación están diseñados para relajar totalmente a las personas capaces de «dejarse ir». Básicamente, un tanque de flotación es una bañera muy grande. Está en una sala insonorizada, lleno de agua a la temperatura del cuerpo y sales de baño, con una tapa para bloquear la luz. El usuario se introduce en la bañera, recibe la instrucción de relajarse y de permanecer tan inmóvil como le sea posible (algo que resulta muy fácil gracias al apoyo que ofrece el agua tan salada). Entonces, tapan la bañera y la experiencia comienza.

En primer lugar, tomamos conciencia de la privación sensorial, porque no es un estado «normal»: no hay luz, no hay sonido y ni siquiera notamos el cuerpo, porque está suspendido en el agua salada a temperatura corporal. En este momento, hay quien tiene un ataque de ansiedad y decide salir del tanque, porque puede ser una experiencia bastante claustrofóbica. Sin embargo, para las personas que son capaces de «dejarse ir» y relajarse, los resultados son extraordinarios.

En mi caso, la experiencia comenzó intentando entender lo que sucedía... ¿De verdad no sentía los brazos ni las piernas? Todos mis sentidos estaban en silencio, no había luz, no había sonido, no había sensaciones... Era muy inusual, era extraordinario. No sé cuánto tiempo estuve analizando la situación, pero al cabo de poco tiempo, de repente, me pregunté si me había dormido. Estaba segura de que estaba despierta, pero en mi cabeza no sucedía nada, toda la energía de mi cerebro se había detenido y había perdido por completo la noción del tiempo.

Inmediatamente después de haber pensado eso, me volví a preguntar si había estado durmiendo... Esta vez, también necesité un instante para recordar dónde estaba. Y de nuevo, ¿estaba durmiendo? ¿Dónde estaba? ¿Cuánto tiempo llevaba allí? Un momento, ¿me había dormido? No me daba cuenta, pero la mente estaba en un estado de relajación profunda y saltaba de un nivel de consciencia al siguiente.

Entonces, de repente, destaparon el tanque. ¿Ya estaba? No tenía ni idea de cuánto tiempo había pasado allí. Era como si me acabara de despertar de un sueño muy profundo.

Salí del tanque y me dijeron que había estado una hora completa. Me sorprendió ver hasta qué punto había perdido la noción del tiempo. Si me hubieran dicho que había pasado ocho horas allí metida, lo habría creído. Aunque también lo habría creído si me hubieran dicho que había estado solo ocho minutos. Qué sensación tan extraña. Cuando me «desperté» del todo, me sentí fantástica y muy revitalizada.

*Dejar ir al personaje de nuestras historias es liberador
y emocionante*
Estos atisbos de consciencia pura son muy profundos. Cuando no hay pensamientos, no hay identidad, no hay ego. La vida es una aventura que se despliega sin cesar. Es muy probable que, de repente, nos riamos más.

Todo fluye mucho más sin las intromisiones de John o Frida. Solo hay un vasto espacio vacío en el que las cosas suceden.

*Cuando nos entregamos, la imagen interior nos molesta
cada vez menos*
En el capítulo anterior he hablado de la *imagen interior (o autoimagen)* en contraposición a la *imagen exterior*, que es la que proyectamos a los demás, como si llevásemos una máscara (recordarás que mi imagen interior era «soy inaceptable», y mi imagen exterior, «soy inteligente y simpático»).

La diferencia entre la imagen exterior y la imagen interior nos provoca todo tipo de problemas. Por suerte, cuando nos completamos y nos entregamos, la imagen interior se desactiva. Permanece ahí, como una especie de archivo histórico en el que pensamos de vez en cuando, pero ya no nos causa dolor ni dirige nuestras vidas.

Por ejemplo, cuando me completo y me entrego, dejo ir mi identidad como John Purkiss y me dejo fluir. Una cosa sucede a la otra y no me preocupa qué le va a pasar a John Purkiss, qué piensan los demás de John Purkiss, etcétera. Es mucho más agradable que mi limitado modo de vida anterior.

Te animo a que te entregues y a que lo experimentes directamente.

Entregarnos cambia el modo en que nos vemos a nosotros mismos y al mundo
En mi trabajo y en mi vida social, me encuentro con frecuencia con personas que se sienten bloqueadas. Siento su dolor y su frustración, pero sé que necesitan entregarse. Aferrarse impide que les sucedan las cosas.

A muchos de nosotros nos han condicionado para que creamos que tenemos una mente y un cuerpo y que la única manera de conseguir cosas es pensar mucho y esforzarse más. La cultura moderna nos anima a vernos como personas separadas. Todos trabajamos para conseguir lo que queremos, con la esperanza de que, cuando lo hagamos (en algún momento del futuro), seremos felices. Al final descubrimos que no funciona así. Por suerte, hay una alternativa: entregarnos.

Quizá te preguntes qué sucederá si te entregas. Un materialista diría que si te dejas ir por completo, tu vida se irá al garete. Sin embargo, mi experiencia en París (y la de mi amiga en el Mediterráneo) sugiere lo contrario: cuando nos dejamos ir por completo, todo encaja. La vida se despliega de forma natural.

Entregarse no es lo mismo que renunciar o que no hacer nada. Sencillamente, significa que dejamos de intentar que el mundo se ajuste a nuestras ideas fijas sobre cómo deberían ser las cosas. Cuando nos entregamos, creamos espacio para que suceda algo mucho más emocionante. Y eso plantea una pregunta obvia: ¿qué es esa «otra cosa» que hace que todo suceda?

La respuesta está más allá del tiempo y del espacio. Está más allá de los nombres y de las formas. Por lo tanto, es inútil intentar nombrarla o describirla. Claro que eso no ha impedido que muchos hayan intentado hacerlo. A continuación encontrarás treinta y dos nombres, ordenados alfabéticamente:

- Absoluto.
- Brahmán (la realidad última que subyace a todos los fenómenos).
- Consciencia divina.
- Consciencia universal.
- Cosmos.
- Danza de la creación.
- Dios.
- Divinidad.
- Ello.
- Energía cósmica.
- Energía divina.
- Energía universal.
- Existencia.
- Flujo de la vida.
- Flujo universal.
- Fuerza cósmica de la evolución.
- Fuerza universal.
- Fuerza vital.
- Inteligencia cósmica.
- Inteligencia infinita.
- Inteligencia universal.
- Lo que está más allá del nombre y de la forma.
- Lo Supremo.
- Naturaleza.
- Poder superior.
- Ser Supremo.
- Tao.
- Todo.
- Unidad.
- Universo.

- Vida.
- *Yo* (con mayúscula, en contraposición al *yo* individual, en minúscula).

En este libro, uso el término *existencia* para referirme a lo que está más allá del nombre y de la forma. Entregarse es más fácil cuando nos damos cuenta de que formamos parte de la existencia, que nos apoya siempre.

Cuando nos entregamos, solo renunciamos al ego
Cuando nos entregamos, renunciamos al ego, a nuestro hábito de identificarnos con el cuerpo o con la mente. Si nos entregamos de forma continuada, el ego se debilita cada vez más. La vida fluye cada vez mejor.

La obra de Sigmund Freud (1856-1939) ha ejercido una gran influencia sobre cómo se entiende el ego en Occidente. En su modelo de la psique, el *id* (el *ello*) contiene los impulsos instintivos, como los sexuales, y el *superego (superyó)* es la conciencia moral. El *ego (yo)* es el elemento realista e intenta satisfacer los deseos del *id* de maneras que produzcan placer en lugar de causar dolor. La visión oriental es mucho más antigua y totalmente distinta. La comparten varias tradiciones, como el budismo, la cábala, el sufismo y los Vedas. En este libro, aplico la definición oriental:

El ego es la ilusión de que estamos separados de la existencia
Nos sentimos separados de todo y de todos, aislados en nuestro cuerpo y nuestra mente. Quizá nos sintamos superiores de algún modo. O quizá nos sintamos inferiores. Todo es ego.

Uno de los mensajes clave de los Vedas, y de este libro, es que no somos el cuerpo ni la mente. El cuerpo y la mente vienen y van. No son nosotros. Nosotros somos consciencia pura, que observa cómo cambia el cuerpo, y cómo vienen y van los pensamientos. Por lo tanto, podemos dejar que vengan y se vayan.

Al final, tenemos que elegir. Podemos:

1. Intentar conseguirlo todo mediante el esfuerzo físico y mental.
2. Entregarnos, seguir nuestra intuición, y solo pensar y pasar a la acción cuando sea necesario.

A muchas personas, la opción 1 les funciona muy bien durante días o incluso décadas. Son inteligentes y lo que hacen se les da muy bien. Se esfuerzan mucho y la vida les sonríe.

Sin embargo, antes o después, la opción 1 deja de funcionar. Nos topamos con una pared, o con lo que parece una pared.

Muchos nos frustramos, nos enfadamos o nos deprimimos. No podemos avanzar. Nos sentimos atrapados y la vida se vuelve terrible.

Al final, nos acabamos dando cuenta de que no es una pared. Es un peldaño muy alto. Si queremos seguir avanzando, tenemos que subir de nivel. Y nos damos cuenta de que, antes de poder hacerlo, tenemos que dejar ir algo.

Cuando identificamos qué es lo que tenemos que dejar ir, ascendemos a otro nivel y seguimos avanzando, hasta que nos topamos con otra pared. Para mí ha sido así, una larga sucesión de peldaños.

Este proceso de avanzar de un nivel al siguiente no tiene nada que ver con adquirir cosas, sino con dejarlas ir.

Dejamos ir juicios, etiquetas, recuerdos dolorosos, patrones mentales, prejuicios, etcétera. Cuanto más ascendemos, más lejos podemos ver. Nos sentimos más ligeros y las cosas suceden con más facilidad.

ACORDARSE DE ENTREGARSE

Es fácil que, de vez en cuando, volvamos a los viejos hábitos y nos descubramos intentando «conseguir» cosas mediante el esfuerzo físico y mental, pero es doloroso y nos hace despertar. Entonces nos entregamos de nuevo. Pasamos por el ciclo siguiente.

En el diagrama de la página siguiente, el ego es el falso yo, que nos lleva a creer erróneamente que estamos separados de los demás y que el personaje de nuestra historia «consigue» cosas mediante el esfuerzo físico y mental. Estas son las fases del ciclo.

1. Entrega
Nos dejamos ir completamente. Nos sumergimos en lo que hacemos y permitimos que la vida se despliegue de forma natural. En algún momento, experimentamos...

2. Alegría
Estamos relajados. La vida cuida de sí misma. Antes o después, sucede algo maravilloso. Nos emocionamos, estamos agradecidos y nos sentimos realizados. Sin embargo, eso nos lleva rápidamente al...

3. Ego
Empezamos a creer que el cuerpo o la mente son los responsables de lo que ha sucedido. La gente nos felicita por nuestros «éxitos». Empezamos a sentirnos separados del todo y volvemos a actuar como solíamos hacer. Esto lleva al...

4. Dolor
Intentar hacerlo todo mediante el esfuerzo físico o mental es agotador y estresante. Además, los resultados son irregulares. La

vida nos sigue empujando para que dejemos ir. En algún momento sufrimos un revés importante. Cuando llevamos un tiempo sufriendo, decidimos...

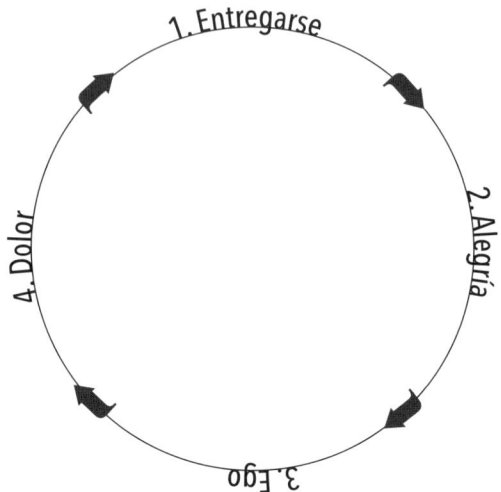

Al principio, podemos tardar meses o incluso años en terminar un solo ciclo, pero, por mi experiencia, se van haciendo cada vez más cortos. Al cabo de un tiempo, podemos completar todo un ciclo en un solo día, en unas horas o incluso en unos minutos. Al final, tras haber completado múltiples ciclos, nos entregamos de forma continuada.

Quizá te preguntes: «Si me entrego, ¿cómo sabré qué he de hacer?». La respuesta es que...

Cuando nos entregamos, la intuición nos dice
qué debemos hacer
Cuando nos entregamos, nos podemos relajar y disfrutar del proceso. La mente se serena, porque ya no nos resistimos a lo que

sucede, no rememoramos el pasado ni fantaseamos acerca del futuro. Entonces, la intuición nos dice lo que debemos hacer.

Hay personas preocupadas por si, al entregarse, se vuelven desorganizadas. Muchos nos enorgullecemos de ser organizados. A mí también me gusta serlo. Ahorra tiempo, alivia el estrés y nos ayuda a disfrutar más de la vida. Sin embargo, entregarnos no tiene por qué entrar en conflicto con la organización de nuestra vida personal o profesional. Cuando nos entregamos, la intuición nos dice qué es necesario y qué no. Cuando tenemos la mente clara, nos organizamos mejor.

No confundamos las incompleciones con la intuición
Si estamos presentes, podemos observar los pensamientos a medida que surgen, como he explicado en el capítulo 2 (página 35). Sin embargo, la clave reside en determinar si los pensamientos proceden de la intuición o de las incompleciones. Hay personas que creen que están usando la intuición cuando, en realidad, actúan desde el miedo y desde la incompleción. Patrones de dolor inconscientes, incluso incompletos, las impulsan a actuar. La manera de evitarlo es asegurarnos de seguir completando el dolor que almacenamos en nuestro sistema, tal y como he descrito en el capítulo 3 (páginas 112-127). La intuición parte del amor, no del miedo.

Cuando nos entregamos, regresamos al presente y dejamos
ir la preocupación
Una amiga mía es voluntaria en los Scouts. Parte de su función es garantizar la seguridad de los niños. Antes, se preocupaba por lo que podía pasar y, en sus propias palabras, «se pasaba y casi echaba a perder la diversión». Ahora, se entrega, regresa al presente y conecta de forma consciente con lo que sucede. Ahora identifica

y evalúa el riesgo de un modo más eficiente. Y, mientras, se relaja y disfruta de su trabajo.

Entregarse permite que las cosas sucedan de forma inesperada
Cuando nos entregamos, dejamos de intentar controlar cómo suceden las cosas. Esto permite que las cosas sucedan con más facilidad y, con frecuencia, de forma inesperada. Lo vemos en todos los aspectos de nuestra vida.

Por ejemplo, mi padre era fotógrafo y yo heredé su entusiasmo. Hago fotografías con una cámara digital o con el móvil. Para mí, hay dos maneras principales de hacerlo. La primera es pensar en la fotografía que quiero tomar, asumir el control y organizar las cosas en consecuencia. La segunda es pasear y esperar a ver qué sucede. En otras palabras: me entrego.

Las mejores fotos siempre proceden de la segunda estrategia. A veces, las cosas se alinean durante un segundo o dos, quizá solo durante una fracción de segundo, y una composición perfecta aparece en mi tarjeta de memoria. No siempre veo la imagen final en la pantalla o por el visor. Pasa directamente de las tres dimensiones a la tarjeta de memoria. Al entregarme, permito que las cosas sucedan de forma inesperada.

Entregarse durante una conversación
Hay personas que intentan controlar las conversaciones. Etiquetan los comentarios de los demás como inapropiados, sexistas, racistas o lo que sea. Las conversaciones de este tipo casi nunca llegan a nada.

Es mejor entregarse y escuchar con la mente abierta. Mientras escuchamos, percibiremos los pensamientos y las emociones que surgen como reacción a lo que dicen los demás. Es posible que también aparezcan etiquetas o juicios.

Quizá nos demos cuenta de que la mente ensaya contraargumentos o prepara lo que vamos a decir en cuanto nuestro interlocutor deje de hablar. Lo mejor es que nos limitemos a observar esta cháchara mental y la dejemos ir.

Si nos entregamos durante las conversaciones, observaremos cambios extraordinarios:

- Nos llevaremos mejor con la persona a la que escuchamos.
- Al final, es posible que descubramos que escuchamos en lo que parece un espacio vacío. No hay personas separadas, solo sonidos e imágenes que aparecen y desaparecen. Sencillamente, observamos lo que surge y lo dejamos ir.
- Aprendemos mucho.
- Durante la conversación, surgen ideas nuevas. Pueden proceder de cualquiera de los interlocutores. Da igual de quién.

Lo mejor es estar vacío y escuchar. Dejemos que hable el otro. Cuando haya terminado de hablar, quizá digamos algo o quizá no. En ocasiones, no hay mejor respuesta que el silencio. En otras, lo mejor es formular una pregunta para entender mejor lo que dice el otro. Solo necesitamos dejarnos llevar y estar presentes.

Estar presente sin intenciones previas
Muchas veces, cuando me convocan a una reunión, acudo sin un objetivo premeditado. Me preparo y averiguo lo que necesito saber acerca de la persona con quien me voy a reunir y de la organización en la que trabaja, pero nada más. Entonces, escucho muy atentamente lo que tengan que decirme, sin interrumpir ni responder. Dejo tanto espacio como me es posible para que pue-

dan suceder cosas nuevas. Con frecuencia, aparecen ideas nove-
dosas para proyectos en los que podemos trabajar juntos.

Mi amigo Laurence Shorter describe así su trabajo como
coach:

> Cuando inicio un proceso de *coaching* con alguien, dejo las cosas
> abiertas. He descubierto que cuanto más relajado y menos compro-
> metido con un resultado concreto estoy, mejor salen las cosas.
>
> Eso me exige centrarme más en estar relajado que en crear valor
> para el cliente. Y cuando puedo estar presente de esa manera, el va-
> lor viene solo. Es la paradoja de todo buen trabajo.

«¿Cómo puedo dejarme ir o entregarme en mi trabajo,
si tengo objetivos y fechas límite específicos que cumplir?»
Si trabajamos para otra persona y nos encontramos en esa situación, tenemos dos opciones:

1. Seguir pensando en cómo vamos a cumplir con el objetivo
   o la fecha límite. Emprender muchas acciones, fijarnos en
   los resultados que obtenemos, ajustar el curso de la acción,
   emprender muchas más acciones, etcétera.
2. Asumir el objetivo o la fecha límite. Entregarnos. Hacer lo
   que nuestra intuición nos dice que debemos hacer.

Cuando tenía veintitantos años, mi estrategia principal era la
primera, congruente con mi condicionamiento (crianza, educación, formación). Era muy estresante.

Cuando aprendí a entregarme, adopté la segunda estrategia
(incluso en una gran empresa en la que trabajaba directamente
para el presidente). Funciona mucho mejor. En algunos casos, las
mismas personas que han impuesto el objetivo o la fecha límite

acaban estresadas también. Sigo presente y hago lo que hay que hacer, con rapidez y eficiencia (la mayor parte del tiempo).

Te invito a que lo pruebes.

Si estamos presentes y nos dejamos llevar, habrá coincidencias útiles

Muchos hemos notado que hay periodos en nuestras vidas en que parece que todo fluye con naturalidad, sin grandes obstáculos. Si estamos presentes y nos dejamos llevar, puede suceder con mucha frecuencia. La gente aparece en el momento oportuno. Las circunstancias cambian. Las cosas encajan. A veces, parece increíble y podemos llegar a sentir escalofríos.

En ocasiones, la gente dice: «No hay coincidencias» o «Las coincidencias no existen». Estas afirmaciones se basan en un malentendido lingüístico.

Coincidencia significa, sencillamente, que dos cosas suceden al mismo tiempo. No significa que sean aleatorias o accidentales. En el nivel más profundo no hay separación: la causa y el efecto son una misma cosa. Las cosas suceden a veces de maneras que nos cuesta entender o explicar. Pero no es necesario que la mente se preocupe. Podemos dejarnos llevar.

Aceptar la incertidumbre

Muchos tememos la incertidumbre. Aterra a muchos inversores. Siempre que hay una crisis, la gente se apresura a deshacerse de sus inversiones. Incluso cuando no hay crisis, muchos intentamos eliminar la incertidumbre de nuestras vidas, con la esperanza de sentirnos «seguros» algún día. Esa seguridad que buscamos es un espejismo. La vida es incierta.

A medida que practiques los ejercicios del libro, la incertidumbre te irá incomodando cada vez menos. Al principio, nos vemos como una mente o un cuerpo separados que intentan avanzar por la vida. Cuanto más dejemos ir los pensamientos y las emociones que nos retienen, más nos daremos cuenta de que no somos entidades separadas. Si nos entregamos, todo fluirá.

RESUMEN

- Ahora que hemos explorado cómo estar presentes, cómo dejar ir los pensamientos y el dolor, ha llegado el momento de dejarnos ir por completo. A veces, lo llamamos *entregarse*.

- Deja ir todas las expectativas, los recuerdos y los pensamientos acerca del presente. Sigue tu intuición y haz lo que te parezca correcto, momento a momento. No pienses en el resultado, sumérgete en lo que sea que estés haciendo y disfruta. En la página 144 puedes ahondar en esto.

- Cuando te entregas, regresas al presente. Sintonizas con lo que sea que esté sucediendo en ese momento.

- Cuando te entregas, no solo sueltas tus historias, sino también al personaje que las protagoniza.

- Eres consciencia pura, también llamada *percepción pura*, *presencia pura* o *existencia pura*.

- Cuanto te entregas, dejas espacio para que sucedan cosas nuevas. Todos formamos parte de la existencia, que nos apoya constantemente.

- Es posible que estés acostumbrado a conseguirlo todo mediante el esfuerzo físico y mental. Ahora te puedes entregar y seguir tu intuición. Piensa y pasa a la acción solo cuando sea necesario. Entonces sentirás alegría, estarás relajado, emocionado, agradecido y realizado. Es probable que, en algún momento, recaigas en el esfuerzo y la lucha, pero entonces te acordarás de entregarte otra vez.

- Cuidado con la falsa intuición. Asegúrate de que sigues completando tus patrones de dolor con los ejercicios de las páginas 112-127.
- Cuando te entregas en las conversaciones, cuando te permites estar vacío y escuchar, te llevas mejor con los demás y aprendes más.

CAPÍTULO 5

Dejarse ir para hacer realidad los deseos

Hasta ahora, hemos hablado de...

1. Dejar ir los pensamientos.
2. Dejar ir el dolor.
3. Dejarse ir por completo.

Ha llegado el momento de que recuperemos la pregunta que te he planteado al principio del libro: «¿Qué quieres cambiar en tu vida?». En otras palabras, ¿qué deseos quieres que se hagan realidad?

Durante años, tuve dificultades para hacer realidad mis sueños y me di cuenta de que muchas otras personas se encontraban en la misma situación que yo.

Investigué muchos conceptos que probablemente conozcas tú también. Por ejemplo, el *secreto*, basado en la «ley de la atracción» que enseñan Esther y Jerry Hicks, y que básicamente dice que atraemos aquello en lo que pensamos. Luego, el *encargo al universo*, de Bärbel Mohr. El problema fundamental era que no conseguía que esos conceptos funcionaran conmigo. En teoría, me parecían lógicos, pero cuando los ponía en práctica me faltaba algo. Ahora todo tiene sentido, así que lo explicaré con tanta claridad como sea capaz.

Es posible que hayas oído esta frase: «El interior determina el exterior». El *exterior* es el mundo material, donde queremos que las cosas sucedan. El *interior* es nuestro «espacio interior».

Creamos en el exterior lo que albergamos en nuestro «espacio interior»

A no ser que hayamos alcanzado la iluminación, nuestro espacio interior dista mucho de estar vacío. Contiene muchos patrones de dolor e incompleciones, como he explicado en el capítulo 3. Mientras permanezcan en nuestro espacio interior, seguirán manifestándose en el mundo que nos rodea, en forma de cosas que no queremos.

Tal y como recordarás de ese capítulo, manifestamos nuestras creencias, no nuestros deseos. Una vez que estamos completos, las creencias y los deseos son una misma cosa. Entonces, los deseos se empiezan a convertir en realidad.

Empezaré hablando de los deseos. Luego explicaré qué podemos hacer para hacerlos realidad.

¿DE DÓNDE VIENEN LOS DESEOS?

Muchos de nosotros nos pasamos la vida intentando hacer realidad nuestros deseos sin antes abordar esta pregunta fundamental, así que lo haremos ahora. Podemos clasificar los deseos en tres categorías:

1. Deseos que surgen del ego

Cuando nos identificamos con el cuerpo o con la mente, quedamos atrapados por el ego y, con frecuencia, anhelamos deseos surgidos del miedo. Quizá comamos tanto como seamos capaces, por un miedo inconsciente a no tener comida suficiente en el futuro próximo. Quizá acumulemos tanto dinero como podamos, por miedo a otra amenaza a nuestro bienestar físico (ni la comida ni el dinero tienen nada de malo, pero nuestra actitud hacia ellos puede ser muy reveladora).

Si nos vemos como el cuerpo o como la mente, es posible que persigamos lo que se conoce como *nombre* y *fama*. Sabemos que el cuerpo morirá, por lo que intentamos construirnos una reputación fabulosa con la esperanza de que John Purkiss o Frida Smith sean recordados para siempre. O intentamos ser famosos en esta vida, con la esperanza de que nos traiga otro beneficio físico o mental. Perseguir deseos basados en el ego nos sube a una rueda de hámster. Mientras nos sigamos viendo como el cuerpo o la mente, nunca estaremos satisfechos, por mucho que acumulemos.

2. Deseos prestados
Son deseos que tomamos «prestados» de otros. Por ejemplo, puede ser el deseo de tener un gran coche, porque otros quieren o tienen grandes coches, o el deseo de tener hijos, porque otros quieren o tienen hijos. Si miramos hacia el interior y somos honestos con nosotros mismos, podremos identificar qué deseos hemos tomado prestados de otros. Forman parte de nuestro condicionamiento social y cultural. Hay personas que han sido condicionadas para querer una casa y mucho dinero. Otras han sido condicionadas para querer un cuchillo y una pistola. Los «debería» y las expectativas se basan en este condicionamiento.

3. Deseos que surgen de forma natural
Una vez que hemos eliminado los deseos que surgen del ego y

aquellos que hemos tomado prestados de los demás, solo nos quedan los deseos que han surgido de forma natural. Pueden ir desde el deseo de comer algo en las próximas horas al deseo de crear o experimentar algo, sea lo que sea. Son deseos que ocurren en nosotros, sin más.

¿POR QUÉ SE HACEN REALIDAD UNOS DESEOS Y NO OTROS?

Si nuestro espacio interior es consciencia pura, los deseos naturales se hacen realidad fácilmente. Sin embargo, en la mayoría de las ocasiones, nuestro espacio interior contiene muchas incompleciones, que tienen que ver con lo que no queremos. Llegamos a conclusiones equivocadas acerca de nosotros mismos, de los demás y del mundo que nos rodea. Cuando esto sucede, manifestamos nuestras creencias negativas en lugar de nuestros deseos naturales.

Si nos observamos detenidamente, vemos lo que sucede. Tal y como he mencionado en la introducción, a la mayoría de nosotros nos preocupa alguna faceta de nuestra vida o nos sentimos bloqueados en algún sentido. Por lo tanto, nos enfrentamos a dificultades recurrentes, ya se trate de problemas de salud, de relaciones personales insatisfactorias, de frustraciones profesionales o de falta de dinero. A continuación tienes unos ejemplos:

- Nos deprimimos con frecuencia.
- Acostumbramos a comer demasiado y engordamos, lo que aumenta el riesgo de diabetes, enfermedades cardiovasculares y cáncer.
- Pasamos de una empresa a otra, pero siempre tenemos los mismos problemas con nuestros compañeros.

- Tenemos el mismo problema, o problemas parecidos, en una relación tras otra.
- Estamos en lo que nos parece un trabajo sin salida y no sabemos qué hacer al respecto.
- Queremos formar un equipo, reunir dinero y fundar un negocio, pero nunca sale bien.
- Lo que hacemos se nos da muy bien, pero siempre nos acabamos quedando sin dinero.
- Siempre que tenemos dinero, se nos escapa entre las manos.

Ninguno de estos casos se debe a procesos aleatorios. Estas pautas de «bloqueo» se repiten de maneras específicas en cada uno de nosotros, porque cada uno de nosotros tenemos nuestras incompleciones específicas. Tal y como he dicho en el capítulo 3, las incompleciones son incidentes, recuerdos o cogniciones erróneas del pasado que ocupan el presente y afectan al futuro.

Escribir lo que deseamos que suceda nos mostrará qué impide que suceda
Uno de los cursos gratuitos más populares que dirige la *sangha* (comunidad) de Swamiji se llama Kalpataru™, como un árbol mitológico hindú que concedía deseos. El curso incluye un ejercicio que consiste en escribir algo que queremos que suceda, pero que no ha ocurrido aún.

Si lo hacemos y luego nos sentamos en silencio con la atención dirigida al interior, la mente nos dirá todos los motivos por los que no puede suceder.

¿Qué impide que nuestros deseos se hagan realidad?

Siéntate a solas, con lápiz y papel, y sin teléfono móvil ni otras distracciones.

En la parte superior del papel, escribe algo que realmente desees que suceda en tu vida.

Ahora, siéntate en silencio y escucha con atención. La mente te empezará a decir por qué no puede suceder. Escríbelo todo.

Estos son algunos ejemplos:

- Soy demasiado viejo.
- Soy demasiado joven.
- No tengo suficiente dinero.
- No soy lo bastante inteligente.
- No soy lo bastante fuerte.

Todos estos motivos por los que no puede suceder son incompleciones o patrones de dolor.

Ahora, repasa todas las incompleciones que has escrito, una a una.

Haz el ejercicio de compleción (página 112) con cada una de ellas.

Identifica el incidente que dio lugar al patrón de dolor. ¿Qué sucedió? Escríbelo. Revive el incidente (como mínimo cinco veces), hablando con la persona que se refleja en el espejo. Siéntelo en profundidad y durante tanto tiempo como sea necesario.

Si quieres, puedes imaginar que las incompleciones arden y desaparecen. De hecho, puedes quemar el papel donde las hayas escrito. También puedes imaginar que depositas las incompleciones a los pies de tu gurú.

Hagas lo que hagas, revive las incompleciones intensamente, de principio a fin.

Permite que todo lo que te hace sentir indefenso suba a la superficie y abandone tu sistema.

Siéntelo con intensidad y déjalo ir. Como he mencionado en el capítulo 3, la decisión de completar el patrón de dolor ya es más del 80 % de la batalla. Una vez que hemos decidido que lo queremos completar, las cosas empiezan a suceder.

Estás creando mucho espacio para que sucedan cosas nuevas.

Cuando lo hayas hecho, lo que sea que quieres que acontezca se materializará con más facilidad.

También tenemos que completar las resistencias internas

Muchos de nosotros pensamos o decimos que queremos que suceda algo, pero, en el fondo, nos resistimos a ello. Si de verdad queremos que suceda, tenemos que completar también las resistencias internas.

Recuperemos las cuatro categorías e imaginemos que queremos lo siguiente:

1. Buena salud.
2. Relación de pareja.

3. Trabajo bien pagado.
4. Abundancia económica.

Ahora, imaginemos que, en estos momentos, no tenemos ninguna de las cuatro. Dirijamos la atención hacia nuestro interior, en busca de las resistencias y de los patrones de pensamiento negativo acerca de lo que haría falta para que esos deseos se hicieran realidad y acerca de lo que podría suceder después. Por ejemplo...

Buena salud
«Tengo que empezar a hacer ejercicio. No me gusta nada hacer ejercicio.»

«No me gustan las verduras crudas. Prefiero la *pizza* y el helado.»

«Si bebo menos alcohol, o dejo de beberlo, los demás pensarán que me he vuelto un antisocial.»

Relación de pareja
«No tengo tiempo para novias [o novios].»

«¿Y si le cuento todos mis secretos y me traiciona?»

«No soy atractivo.»

Trabajo bien pagado
«No quiero estar atado a un despacho.»

«No quiero ser responsable de un montón de gente.»

«Prefiero acabar de escribir mi libro.»

Abundancia económica
«No se me da bien gestionar el dinero.»

«La gente rica nunca es feliz.»

«Ser rico complicará mis relaciones. No me podría fiar de nadie.»

Estos patrones de dolor impiden que nuestros deseos se hagan realidad. Tenemos que abordarlos de uno en uno.

Retrocede en el tiempo e identifica cuándo empezó el patrón de dolor (quizá haga mucho tiempo). ¿Qué incidente del pasado alimenta estos pensamientos en el momento actual?

Revive la experiencia ahora y complétala.

Integrar la compleción en la rutina diaria
Lo mejor que puedes hacer es reservar tiempo y llevar a cabo sesiones de compleción regulares. Es un trabajo espiritual. Es el equivalente de hacer flexiones, nadar o subir escaleras. Si lo haces con regularidad, tu vida cambiará.

Yo acostumbro a completar al final del día, justo antes de acostarme. Y duermo mucho mejor. Si sigues haciendo el ejercicio de gratitud (página 95), haz antes el ejercicio de compleción.

Primero, usamos la compleción para eliminar los patrones de dolor y, entonces, escribimos todo por lo que damos las gracias. ¡Nos iremos a la cama sintiéndonos muy poderosos!

Así es como sabemos que la compleción está empezando a dar resultado:

- Nos resulta cada vez más difícil recordar las cosas que antes nos causaban tanto dolor.
- Ya no nos sentimos impotentes cuando entramos en contacto con otra gente.
- Nos sentimos más ligeros y felices sin motivo aparente.
- Las cosas empiezan a cambiar y a suceder en nuestra vida.

Buscar activamente el origen de las incompleciones,
para que los deseos se hagan realidad antes
Lo creas o no, el proceso de completar los patrones de dolor puede ser divertido. Es un poco como hacer limpieza a fondo en casa y crear espacio para muebles bonitos y nuevos.

Nos libramos de los recuerdos dolorosos y de patrones de pensamiento obsoletos, para que puedan suceder cosas emocionantes y nuevas. Podría ser:

- Un incidente específico que sucedió hace años o hace un par de minutos. Sea como fuere, revivimos (no recordamos) el incidente y sentimos toda la impotencia de principio a fin.
- Una mala sensación acerca de nosotros mismos, de los demás o de la situación en la que nos encontramos. Cuando completamos, la vida empieza a cambiar a una velocidad extraordinaria. Los recuerdos, las emociones y los pensamientos dolorosos ya no echan a perder el presente ni destruyen el futuro.

Observar lo que sucede cuando completamos

Revive la experiencia de principio a fin. Siente el dolor, la irritación o el malestar que surja.

Date cuenta de cuándo se abren las cosas y empiezan a suceder de repente, cuando ni siquiera estabas pensando en ello.

Toma nota para recordarlo.

Cuando buscamos las incompleciones, empiezan a suceder cosas buenas. Por ejemplo...

La compleción afecta a las personas que nos rodean
Una amiga mía que había aprendido a completar patrones de dolor empezó a experimentar con ello, de manera tranquila y relajada. Decidió buscar activamente personas y situaciones que la ayudaran a resolver sus incompleciones.

Tras un proceso de admisión muy complicado, se matriculó en un posgrado de una universidad prestigiosa. En la primera semana de clase, mientras estaba sentada en el aula, echó un vistazo a su alrededor para ver si había alguien que la hiciera sentir incómoda. Identificó a un compañero que la había ignorado durante toda la semana.

Completó la sensación de sentirse ignorada por el compañero y sus amigos, sin decir nada a ninguno de ellos. Al día siguiente, de repente, él se dirigió a ella para saludarla. Y al otro, le guardó la placa de identificación, que se le había caído, y se la devolvió en otra clase. Desde entonces, se llevaron muy bien.

Repitió el proceso con todas las personas por las que sentía una aversión o una atracción especiales. Sentía que la calma la embargaba y que estar en clase no le exigía ningún esfuerzo. También recibió muchos elogios de sus compañeros por sus interacciones con ellos durante el curso.

La compleción afecta al mundo que nos rodea
La misma amiga siguió experimentando con la compleción. Se mudó a unos apartamentos frente al río y descubrió que las puertas para salir del *parking* eran automáticas. No tenía muy claro que siguieran funcionando en caso de inundación o de incendio.

El único que tenía la llave manual para abrirlas era el encargado de mantenimiento del edificio.

Mes tras mes, hizo campaña para conseguir una copia de la llave como medida de seguridad. Ni los agentes inmobiliarios ni los administradores de la finca le dieron una. Finalmente, decidió completar sus emociones acerca de la situación. Completó lo que sentía en relación con todas las personas indicadas y el miedo de quedar atrapada en caso de emergencia.

A la mañana siguiente, después de diez meses de campaña, la agencia inmobiliaria la llamó para decirle que le entregarían una llave sin cargo adicional.

DEJAR IR LAS IDEAS FIJAS ACERCA DE CÓMO SE HARÁN REALIDAD NUESTROS DESEOS

Muchos de nosotros sabemos lo que queremos que suceda, pero tenemos ideas fijas acerca de cómo ha de suceder. Veamos unos ejemplos.

- Queremos una relación de pareja y asumimos que será con *ese* hombre o esa mujer concretos.
- Queremos más dinero y asumimos que sucederá cuando cambiemos de trabajo.
- Desarrollamos un producto y asumimos que la gente lo usará de una manera determinada.
- Queremos fundar un negocio y asumimos que será en un sector específico.
- Queremos compartir una idea y asumimos que lo haremos con un libro, no con un vídeo.

Es mejor tener claro qué queremos que suceda y mantener la mente abierta acerca de cómo sucederá, sin aferrarnos a nada ni a nadie. Dejemos que los demás sigan su propio camino.

Sigamos la intuición y permitamos que nuestros deseos se cumplan de la mejor manera posible para todo el mundo.

Permitir que las cosas sucedan de maneras inesperadas
En el mundo de la empresa, nos encontramos con muchos ejemplos al respecto. Muchas empresas y productos de gran éxito empezaron de una manera y acabaron de otra muy distinta. Veamos tres ejemplos.

Pósit
En 1968, el doctor Spencer Silver, un químico de 3M, trabajaba en la creación de un adhesivo ultrafuerte, pero en lugar de eso desarrolló uno muy débil. En 1974, a otro empleado de 3M, Arthur Fry, se le ocurrió la idea de usar el adhesivo nuevo para pegar puntos en el libro de himnos mientras cantaba en el coro de la iglesia. Ahora, los pósits se venden en más de cien países.

Webcam
Se desarrollaron en 1991, en el Departamento de Informática de la Universidad de Cambridge. La primera webcam fue obra de los doctores Quentin Stafford-Fraser y Paul Jardetzky, que querían ver la cafetera del pasillo sin necesidad de levantarse de la mesa para saber si quedaba café en la jarra. Ahora, las webcams se producen en masa y son un elemento estándar en los ordenadores portátiles.

Instagram
En 2009, Kevin Systrom desarrolló el prototipo de una aplicación a la que llamó Burbn, que permitía a los usuarios registrarse

en línea desde una ubicación concreta y subir sus planes y sus fotos. Cuando Mike Krieger se unió al proyecto, se dio cuenta de que los usuarios no utilizaban en absoluto las funciones de registro, pero que subían y compartían una cantidad colosal de fotografías. Mike y Kevin decidieron simplificar la aplicación y, al mismo tiempo, añadieron la función de construir una red social en línea. Se convirtió rápidamente en una de las redes sociales de más éxito del mundo y Facebook la compró.

Si estamos desarrollando un producto o un servicio nuevos, merece la pena que mantengamos la mente abierta. Puede evolucionar y convertirse en algo que ni siquiera hemos imaginado.

Este mismo principio se aplica a todas las facetas de nuestra vida. Quizá tenemos muy claro qué queremos que suceda. Mantengamos la mente abierta acerca de cómo va a suceder... y con quién.

Cuando nos dejamos ir, permitimos que nuestros deseos se hagan realidad de la mejor manera posible
Antes de descubrir los procesos que he explicado en el libro, me había pasado años haciendo lo siguiente. Quizá tu experiencia sea parecida:

1. Nos fijamos un objetivo.
2. Planteamos un plan de acción.
3. Emprendemos muchas acciones.
4. Intentamos que los demás hagan lo que queremos que hagan (lo que irrita a algunos de ellos).
5. Si el plan no funciona, desarrollamos otro plan y volvemos a empezar.

Es desmoralizante y agotador. Pueden pasar años sin que hayamos avanzado ni un paso. Ahora, mi estrategia es absolutamente distinta:

1. Cuando tengas una idea sobre algo que te gustaría que sucediera, escríbelo en la parte superior de una hoja en blanco.
2. Cierra los ojos, dirige la atención hacia el interior y escucha a la mente, que te dirá todos los motivos por los que no puede suceder. Escríbelos todos.
3. Retrocede en el tiempo e identifica las experiencias dolorosas que no has completado y que generan todo ese dolor, malestar, agitación y resistencia.
4. Completa las experiencias. Revive para reparar.
5. Entrégate y sigue tu intuición. Te dirá qué has de hacer.

RESUMEN

- Manifestamos nuestras creencias, no nuestros deseos. Cuando completamos, las creencias y los deseos empiezan a hacerse realidad.

- La mayoría de nosotros tenemos muchas incompleciones en nuestro espacio interior. Por eso nos quedamos bloqueados en una o en varias facetas de nuestras vidas: salud, relaciones personales, carrera profesional o dinero.

- Si tienes un deseo que no se hace realidad, dirige la atención al interior. La mente te dirá todos los motivos por los que no puede suceder. Esos motivos son incompleciones.

- Retrocede e identifica el incidente original que hace que te sientas mal. Siéntate frente al espejo y revive la experiencia. Siente el dolor, el malestar o la agitación que puedan surgir en tu cuerpo.

- Reserva tiempo para llevar a cabo sesiones regulares de compleción de patrones de dolor. Por ejemplo, justo antes de acostarte.

- Si buscas activamente el origen de las incompleciones, tus deseos se harán realidad antes.

- La compleción puede cambiar la conducta de los demás, tus relaciones personales y el mundo que te rodea.

- Suelta las ideas fijas acerca de cómo se va a hacer realidad tu deseo.

- Déjate ir completamente y permite que tus deseos se hagan realidad de la mejor manera posible.

CONCLUSIÓN

Espero que hayas disfrutado de la lectura de este libro tanto como yo he disfrutado escribiéndolo. Me gustaría terminar resumiendo el viaje que acabamos de hacer juntos. Luego, decide qué quieres hacer a continuación.

La mayoría de nosotros queremos cambiar algo en nuestras vidas. En lugar de esforzarnos cada vez más para conseguirlo, todo cambiará con mucha más facilidad si nos dejamos ir y soltamos todo lo que nos lastra. Entonces, podremos seguir nuestra intuición y emprender la acción adecuada en el momento adecuado. Nos daremos cuenta de que, cada vez con más frecuencia, también estamos en el lugar adecuado en el momento adecuado.

El punto de partida para dejarnos ir es estar presentes y devolver la atención al momento presente una y otra vez. Muchos aprendemos a hacerlo con la meditación o el yoga. Otros lo experimentan en la cumbre de una montaña o en lo más profundo de un bosque. La mente queda en silencio, aunque solo sea durante unos segundos, y sentimos la conexión con la existencia. Cada vez que la atención se desvía, la devolvemos al aquí y al ahora.

Una vez que hemos aprendido a estar presentes, podemos dar

el primer paso. Empezamos a observar nuestros pensamientos y los dejamos ir. Hay historias, etiquetas, juicios, expectativas, comparaciones, conclusiones, etcétera. La mayoría son inútiles. Algunas pueden ser perjudiciales. Lo importante es que no nos identifiquemos con ellas. No son nosotros. Recordemos al observador que mira desde un puente sobre un río caudaloso. No hay necesidad de dejarse arrastrar por la corriente. Cuando empezamos a dejar ir los pensamientos caóticos, podemos dar las gracias por la vida a medida que se despliega, momento a momento.

El segundo paso es dejar ir el dolor que conduce nuestras vidas. Para ello, tenemos que dirigir la atención a nuestro interior más profundo. Todos hemos tenido experiencias dolorosas, muchas de ellas durante la infancia, que siguen interfiriendo con nuestras vidas, años o incluso décadas después. Por desgracia, reprimimos esas emociones negativas. Pensamos o decimos que estamos bien, pero no vivimos las vidas que queremos vivir. La solución es retroceder e identificar el incidente que ha originado este patrón de dolor. Nos sucedió algo que nos llevó a extraer una conclusión incorrecta acerca de nosotros mismos, de los demás o del mundo. Ese patrón de dolor dirige nuestra vida ahora. Hace que nos sintamos impotentes. Ha llegado el momento de conectar con nosotros mismos, mirarnos al espejo y revivir la experiencia dolorosa. Revivir para reparar. Una vez que hayamos completado cada experiencia, el patrón de dolor perderá el poder que tiene sobre nosotros y nuestra vida cambiará a mejor. Te animo a que sigas ahondando en las incompleciones y las dejes ir.

El tercer paso es dejarnos ir por completo o entregarnos. Cuando nos entregamos, regresamos al presente. ¡Menudo alivio! Dejamos de identificarnos con John Purkiss, Frida Smith o quien sea. Somos uno con la existencia. Todo fluye. Ya no tenemos que preocuparnos por el pasado ni por el futuro. Seguimos nuestra intuición y todo encaja, con frecuencia de maneras inesperadas.

Cuando nos dejamos ir por completo, nuestros deseos se hacen realidad con mucha más facilidad que antes. Creamos en el exterior lo que sea que albergamos en nuestro interior. Si debemos pasar a la acción, somos rápidos y eficientes. Las cosas empiezan a suceder, a veces a gran velocidad.

Es un viaje hacia la consciencia. Tomamos conciencia de los pensamientos y de los patrones de dolor que nos retienen, y los dejamos ir. Cuando nos dejamos ir por completo, nos damos cuenta de que somos consciencia.

Te deseo felicidad y compleción.

J. P.

Y AHORA, ¿QUÉ?

Mi objetivo al escribir este libro ha sido ofrecer junta la información más útil para que todo el mundo pueda materializar su potencial. Mi camino personal me ha llevado a explorar todas las tradiciones espirituales. He compartido contigo lo que me ha resultado útil a mí y a muchos otros. A veces, me preguntan cuánto tiempo he tardado en escribir el libro. Mi respuesta habitual es «más de cinco mil años». En otras palabras, no he inventado nada. Mi única función ha sido poner meticulosamente a prueba cada principio y explicarlo con tanta claridad como me ha sido posible.

Muchas personas han abandonado la religión por motivos diversos, sobre todo en Occidente. Hay un grupo cada vez más numeroso de personas que se describen a sí mismas como «espirituales, pero no religiosas». Algunas han tenido experiencias negativas con la religión que han dado lugar a incompleciones importantes. He conocido a muchas personas a las que se podría describir como «ateas militantes». Cuando llego a conocerlas bien, normalmente me hablan de algún acontecimiento traumático que las ha alejado por completo de la religión.

Mi opinión es que deberíamos dejar ir las incompleciones y descubrir por nosotros mismos si una técnica o un principio concretos funcionan en la práctica, independientemente de su origen. Entonces podremos avanzar rápidamente y vivir vidas mucho más plenas.

A lo largo de diez años de misa y de escuela dominical, integré dos de los principios que menciono en el libro:

1. El cerebro y el cuerpo forman parte de algo infinitamente más inteligente que nosotros.
2. Si no podemos resolver un problema intelectualmente, podemos rezar en busca de una solución.

Cuando rezamos, pedimos algo. Como recordarás, cuando estaba totalmente bloqueado en París, pedí ayuda y orientación. Mi vida cambió drásticamente para mejor.

Después del cristianismo, mi siguiente parada fue el budismo. Asistí a clases que me ayudaron a tomar conciencia de lo caótica que era mi mente. Uno de los participantes describió sus intentos de practicar la atención plena como «perseguir una mariposa con una apisonadora». Hasta unos años después no encontré una técnica que me funcionara. Es la que describo en la página 112.

Practiqué el mindfulness durante seis años y, entonces, aprendí meditación trascendental (página 47) con la Maharishi Foundation. La consciencia pura me ayudó a ver a los otros seres humanos (y a los animales) de otra manera. Sentí una conexión mucho más potente con ellos. Me di cuenta de que todos compartimos una misma consciencia, independientemente de los pensamientos o las emociones que aparecen y desaparecen continuamente de ella.

La siguiente técnica de meditación que probé procede del islam: la meditación silenciosa sufí. Fue la primera vez que desplacé la atención de la mente al corazón, un proceso que se ha descrito como el viaje más largo del mundo. Algunas veces tuve sensaciones físicas alrededor del corazón. Tanto el sufismo como la cábala (la faceta mística del judaísmo) ofrecen técnicas para eliminar el ego, el falso yo que nos engaña y nos lleva a pensar que estamos separados de todos y de todo.

Hace cinco años, me presentaron a Sri Nithyananda Paramashivam (Swamiji), al que he mencionado en varias ocasiones a lo largo de este libro. Su técnica de compleción me pareció muy efectiva a la hora de eliminar los patrones de dolor sobre los que se construye el ego. Cuanto más los dejaba ir, más experimentaba la consciencia plena y la serenidad.

Los seguidores de Swamiji lo consideramos un *avatar*. No me refiero a las criaturas de piel azul de la película. En la tradición hindú, un *avatar* es un ser que regresa para ayudar a los demás.

Aprendí de Swamiji la técnica de compleción que he descrito en el capítulo 3. Swamiji está recuperando toda la tradición védica, que es el origen definitivo tanto de la atención plena como de la meditación trascendental. Él y su *sangha* (comunidad) dirigen una amplia variedad de programas, muchos de los cuales son gratuitos. Incluyen la técnica de la compleción y cómo hacer realidad nuestros deseos.

Estas enseñanzas son para todo el mundo. Lo único que hay que hacer es dejar ir las ideas preconcebidas que nos retienen. Te animo a que lo hagas.

Mindfulness

El mindfulness se ha vuelto muy popular. Hay miles de libros y de cursos, y uno de los más accesibles es el de la aplicación Headspace (<www.headspace.com>). Su cofundador es Andy Puddicombe, un exmonje budista con el que me reuní varias veces cuando aún vivía en Londres. Desde entonces, Headspace ha reunido mucho dinero y se ha trasladado a Los Ángeles, donde se está expandiendo rápidamente. La aplicación, en inglés, se puede probar gratuitamente.

Algunas de las personas que practican el mindfulness dejan ir todos sus pensamientos durante unos minutos al menos. A otras les cuesta más y desisten. Si tu mente insiste en seguir divagando, puedes probar con la...

Meditación trascendental
Aprendí meditación trascendental en la Maharishi Foundation, fundada por Maharishi Mahesh Yogi. El sitio web del Reino Unido (<www.uk.tm.org>) tiene enlaces a los sitios web de muchos otros países. La belleza de la meditación trascendental reside: (a) en que no requiere esfuerzo; y (b) en que cuando trascendemos, solo hay consciencia. Si practicas la meditación trascendental dos veces al día, permea gradualmente toda tu vida; algunos de sus muchos beneficios son más salud, relaciones personales más felices y más creatividad.

Comiences por donde comiences, te recomiendo que dejes ir todo lo que te retiene y vayas a por ello. Te transformará, y también al mundo que te rodea.

El club de lectura de Déjalo ir
Te invito a que te unas al grupo de discusión en Facebook en <www.facebook.com/groups/thepoweroflettinggo>.

LECTURAS RECOMENDADAS

Sobre estar presente
Tolle, Eckhart, *El poder del ahora: una guía para la iluminación espiritual*, Madrid, Gaia, 2007. A los veintinueve años de edad, Eckhart tuvo una experiencia profunda que lo llevó a escribir *El poder del ahora*, que bebe de diversas tradiciones.
—, *Practicando el poder del ahora: enseñanzas, meditaciones y ejercicios esenciales extraídos del poder del ahora*, Madrid, Gaia, 2009. Se trata de una colección de enseñanzas extraídas de *El poder del ahora*. Si aún no has leído nada de este autor, este es un buen punto de partida.
Gallwey, Timothy, *El juego interior del tenis*, Málaga, Sirio, 2010 (3.ª ed.). Cuando Timothy Gallwey aprendió a meditar, empezó a jugar mejor al tenis. Libramos el «juego interior» contra oponentes como el nerviosismo y la inseguridad. El desempeño máximo tiene lugar cuando la mente se serena y es una con el cuerpo. Luego escribió *El juego interior del golf* (Málaga, Sirio, 2012) y *El juego interior del trabajo* (Málaga, Sirio, 2012).

Sobre dejar ir nuestras historias
Katie, Byron, y Mitchell, Stephen, *Amar lo que es: cuatro preguntas que pueden cambiar tu vida*, Barcelona, Urano, 2008. Byron Katie descubrió que «cuando me creía mis pensamientos, sufría. Por el contrario, cuando no me los creía, no sufría. Esto es cierto para todos los seres humanos». Explica cómo hacer «el trabajo» que alivia el sufrimiento.
Katie, Byron, *Who Would You Be Without Your Story?: Dialogues with Byron Katie*, s. l., Hay House, 2008. Este libro se compone de quince diálogos con personas que están haciendo «el trabajo». He visto a Byron Katie en directo y puedo confirmar lo efectivo que es su método de enseñanza. Puedes descargar lo que necesitas para empezar en <www.thework.com>.

Sobre la compleción
Si escribes «Nithyananda» y «compleción» en la barra de búsqueda de YouTube, encontrarás múltiples vídeos sobre este tema.

Sobre la sombra y el lado oscuro
Ford, Debbie, *El secreto de la sombra: cómo reconciliarte con tu propia historia*, Barcelona, Obelisco, 2010. Intentamos ser buenos. En otras palabras, «buscamos la luz». En ese proceso, reprimimos muchos aspectos de nosotros mismos, que pasan a formar parte de nuestro lado oscuro, también conocido como la *sombra*. Debbie nos enseña a integrar la sombra y a estar completos.

Sobre dejar ir la necesidad de control
Lao Tse, *Tao Te King, El libro del tao*, Palma de Mallorca, José J. de Olañeta Editor, 2016. Este libro se remonta al siglo VI a. C.

y se suele atribuir a Lao Tse («el antiguo maestro»), un archivero de la corte de la dinastía Zhou. Una lectura para disfrutar.

Shorter, Laurence, *The Lazy Guru's Guide to Life*, Londres, Hachette UK, 2016. Este escritor e ilustrador destila parte de las grandes tradiciones filosóficas en unas cuantas páginas de texto e ilustraciones entretenidas. Contiene un ejercicio sencillo y potente en tres pasos.

Sobre la unidad y la ilusión de la separación
Shantanand Saraswati, Swami, *Good Company*, Rockport (Mass.), Element, 1992. Shantanand Saraswati enseñaba la filosofía de *advaita*, que normalmente se traduce como de la «no dualidad», «no dos» o «uno sin un segundo». *Good Company* es una antología de cuarenta de sus charlas, grabadas entre 1961 y 1985.

Upanishads, Barcelona, Penguin Clásicos, 2015. Esta importante obra se conoce también como *Vedanta*, que significa «el final de los Vedas o conocimiento».

Klein, Jean, *Beyond Knowledge*, Non-Duality Books, 2006. Compilado por Emma Edwards. Jean Klein fue un filósofo *advaita vedanta*, que enseñaba a sus alumnos a abrirse a su «verdadera naturaleza: al *soy* de consciencia pura». Insistía en el camino directo hacia el conocimiento, sin programas ni ejercicios elaborados.

Sobre el mindfulness, el kindfulness y el zen
Alidina, Shamash, *Mindfulness para dummies*, Barcelona, CEAC, 2017. Shamash es un maestro del mindfulness muy conocido. Este es el primer libro que escribió sobre el tema.

Brahm, Ajahn, *Kindfulness*, Londres, Simon and Schuster, 2016. Es un excelente y breve libro para todo el que quiera aprender

a practicar la atención plena por sí mismo o que ya la haya aprendido pero se haya quedado bloqueado. Ajahn Brahm nos enseña a superar los obstáculos que nos impiden meditar con serenidad. Dejar ir es uno de los temas clave.
Suzuki, Shunryu, *Mente zen, mente de principiante*, Madrid, Gaia, 2012. Suzuki era un respetado maestro zen en Japón cuando se trasladó a Estados Unidos en 1958. Se convirtió en uno de los maestros zen más influyentes de su era. Este libro gustará a los practicantes de cualquier forma de meditación, no solo de la meditación zen.

Sobre la meditación trascendental
Lynch, David, *Atrapa el pez dorado: meditación, conciencia y creatividad*, Barcelona, Reservoir Books, 2016. David Lynch es un director de cine, entre cuyas obras se incluyen *El hombre elefante, Mulholland Drive* o *Terciopelo azul*. Este libro explica cómo la trascendencia nos ayuda a experimentar la consciencia pura y la creatividad. Está maravillosamente escrito.
Rosenthal, Norman E., *Transcendence: Healing and Transformation Through Transcendental Meditation*, Nueva York, Penguin, 2011. Norman Rosenthal es profesor de Psiquiatría y *Transcendence* es uno de los libros más conocidos sobre la meditación trascendental. Combina evidencias científicas, estudios de caso y entrevistas con Paul McCartney, Russell Brand y David Lynch, entre otros.
—, *Super Mind: How to Boost Performance and Live a Richer and Happier Life through Transcendental Meditation*, Nueva York, Penguin, 2016. Este libro explica, tanto anecdótica como científicamente, cómo la trascendencia permea la vida cotidiana de quienes practican con regularidad la meditación trascendental. Hay entrevistas con personas de éxito como Hugh

Jackman (actor de Hollywood) o Ray Dalio (fundador de Bridgewater Associates, el fondo de inversiones más grande del mundo).

Roth, Bob, *La fuerza de la quietud. El poder de la meditación trascendental*, Barcelona, Aguilar, 2018. Bob se formó como maestro de meditación trascendental con Maharishi Mahesh Yogi en 1972 y, desde entonces, se ha convertido en uno de los maestros de meditación con más experiencia del mundo. También es el consejero delegado de la David Lynch Foundation, que enseña a meditar a adultos y a jóvenes en situación de riesgo.

Sobre la iluminación

Paramahamsa Nithyananda, *El viaje a la iluminación: cómo percibir a Dios en la vida diaria*, Los Ángeles (Cal.), Self-Realization Fellowship, 2011. Nithyananda Paramashivam es un maestro iluminado. Escribe en su introducción: «Entiende que la experiencia se intenta expresar a través de ti. Cuando lo permites, empiezas a hacer realidad tu potencial infinito». Este libro trata muchos temas con detalle y explica con claridad términos sánscritos. Lo puedes descargar gratuitamente en <www.nithyananda.org>.

Sobre la carrera profesional

Purkiss, John, y Eldmair, Barbara, *How to Be Headhunted: The Insider's Guide to Making Executive Search Work for You*, Londres, How To Books, 2005. La selección de ejecutivos, *headhunting* o caza de talentos parece estar envuelta en una especie de halo místico. Este libro enseña al lector a venderse a los consultores de selección ejecutiva y a lograr entrar en la lista de candidatos para los cargos directivos que le interesan.

Sobre entregarse
Singer, Michael A., *The Surrender Experiment: My Journey into Life's Perfection*, Londres, Hachette UK, 2015. Mickey Singer era un alumno de doctorado en Económicas cuando aprendió a meditar. Eso lo llevó a una profunda experiencia espiritual y decidió entregarse a la vida y dejar ir los pensamientos y las emociones centrados en el ego. Los resultados fueron extraordinarios.
Paramahamsa Nithyananda, *Drop Everything and Surrender.* Puedes descargar la versión en PDF de este libro de forma gratuita en <www.nithyananda.org>, ya sea con este enlace (<books.nithyananda.org/product/drop-everything-suyrrender/>) o introduciendo el título en la barra de búsqueda. En la página 82 escribe: «Entregarse es alcanzar la iluminación. En ese momento, experimentas la verdad».

Sri Nithyananda Paramashivam
Sri Bhagawan Nithyananda Paramashivam, más conocido como Swamiji por sus seguidores, está recuperando toda la tradición védica desde sus orígenes y la está haciendo accesible para todos. La fuente original de la técnica de compleción de la página 112 es el verso 94, vigésima segunda técnica del *ShivaJnana Upanishad, Vijnana Bhairava Yantra*.
Puedes descargar su nueva aplicación en <https://nlighten.tv>. Encontrarás más información en <www.nithyanandauniversity.org>.

AGRADECIMIENTOS

Quisiera manifestar mi agradecimiento a las personas siguientes...

A Jacq Burs, mi *coach* de escritura y mi agente, por sus consejos y *feedback* continuados en todos mis borradores.

A Kate Adams y Ella Parsons, de Octopus, por haber editado el libro y haberlo hecho realidad.

A Neil Lukover, por haberme enseñado la meditación trascendental.

A Shamash Alidina y Norman Rosenthal, por sus consejos sobre mindfulness y meditación trascendental, respectivamente.

A Nell Axelrod y Ping Xu, por aconsejarme acerca del proverbio chino del capítulo 2.

A Mali Mizrahi y Marcus Weston, por enseñarme en el Kabbalah Centre.

A Ivana Sretenovic, por haberme presentado a Sri Bhagawan Nithyananda Paramashivam.

A Mahant Ma Nithya Atmadayanda, por haberme ayudado a entender y aplicar sus enseñanzas.

A Irene Brankin, David Royston-Lee y Adina Tarry, por sus consejos sobre psicología.

A Susanna Sällström Matthews, por sus consejos sobre economía y el método científico.

A Jeremy Marshall por su crítica del texto desde una perspectiva cristiana.

A Rose Alexander, por sus consejos sobre la ley de propiedad intelectual.

A la School of Philosophy and Economic Science (<www.school ofphilosophy.org>) y Nithyananda Dhyanapeetam (<www.nith yananda.org>), por su cooperación y por haber autorizado que cite sus publicaciones.

También estoy profundamente agradecido a todos los que han leído los distintos borradores y me han ofrecido sus opiniones o ideas, que han hecho que este libro sea mejor. Si he omitido a alguien, le ruego que me disculpe y que se ponga en contacto conmigo, para que lo pueda incluir en la próxima edición.

Mientras, me gustaría dar las gracias a Gavin Andrews, Dr. Afzana Anwer, Robert Ashdown, Nell Axelrod, Colin Beckley, Sofia Beloka, Adam Bennett, André Berry, Patricia Bidi, Emma Bondor, Paul Bramley, Olivia Cartier, Pierce Casey, Marion Chalmers, Charles Cooper, Sara Cooper, David Coulson, Julie Cross, Kully Dhadda, Dr. Myrrh Domingo, Thomas Drewry, David Dwek, Dra. Barbara Edlmair, Dr. Mahnaz Emami, Salar Farzad, K. T. Forster, Dr. Jonathan Freeman, Helen Gale, Liz-Ann Gayle, Mahdieh Ghasemi, Vishal Handa, Sara Haq, Laxmi Hariharan, Dr. Barry Harrison, Melinda Alexander Haseth, David Head, Abigail Hunt, Hanadi Jabado, Joysy John, Matthew Johnson, Lydia Kan, Grace Kelly, Bali Kochar, Soonu Kochar, Rupert Konstam, Vinay Kulkarni, Francesca Lahiguera, Dr. Ali Lehovsky, Teresa Loy, Vari McLuskie, Charles McDermott, Bruce McFee, Karen Macmillan, Anna Marietta, Dra. Naazi Marouf-Key, Andrew Marstrand, Nitish Mital, Dr. Lee Mollins,

Glenn Moore, Andrea Moretti-Adimari, Caroline Morgan, Julie Nazerali, Dra. Laura Nelson, Mohand Nekrouf, Safaa Nhairy, Darius Norell, Oz O'Neill, Jessica Ordovás de Ussía, Helen Osborne, Caroline Palmy, Stephen Parry, Deepika Patel, Judy Piatkus, Margaret Purkiss, Simon Purkiss, Stéphane Rambosson, Nadia Rauf, Leya Reddy, Julian Robus, Anita Rolls, Wendy Rosenthal, David Royston-Lee, Joe Salem, Jenny Santi, James Scott, Dan Scoular, Sunita Sehmi, Nagila Selmi, Anita Shah, Sanjay Shah, Jana Sharaf, Jo Sharp, Sanam Singh, Jonathan Smith, Dr. John Spackman, Ivana Sretenovic, Andrei Stepanov, Mirela Sula, Vandna Synghal, Clifford Thurlow, Kahéna Tlili-Fitzgerald, Andy Trott, Elisabeth Tschyrkow, Nikhil Vadgama, Rahima Valji, Krish Vells, Dr. Preema Vig, Andrea von Finckenstein, Hema Vyas, Becky Walsh, Ashley Ward, Retno Widuri, John Williams, Nick Williams, Roger Wilson, Adele Winkley, Gillian Wood, Susanne Worsfold y Ping Xu.

De este libro me quedo con...

Este libro se terminó de imprimir en los talleres
de Huertas Industrias Gráficas en septiembre de 2025.

Déjalo ir, en esta edición especial conmemorativa
por el quinto aniversario de Diana editorial, ha sido posible
gracias al trabajo de su autor, John Purkiss, así como de la traductora
Montserrat Asensio, la correctora Teresa Lozano, el diseñador
José Ruiz-Zarco, las maquetistas Dolores Pascual y Merche Alonso,
la directora editorial Marcela Serras, la editora Rocío Carmona,
la editora Ana Marhuenda, y el equipo comercial, de comunicación
y marketing de Diana.

En Diana hacemos libros que fomentan
el autoconocimiento e inspiran a los lectores
en su propósito de vida. Si esta lectura te ha gustado,
te invitamos a que la recomiendes y que así, entre todos,
contribuyamos a seguir expandiendo
la conciencia.